한국 교회의 선교를 규모적인 면에서 본다면, 대형 파송국이라 할 수 있다. 하지만 한국 교회가 선교 역사에 건강한 영향을 주고 있는지를 자문한다면, 자신 있게 그렇다고 대답하기 어려울 것 같다. 이 책 「하나님의 선교를 열망하라」는 선교를 건전한 성경신학적 기초에 두어 대위임령의 당위성을 주장하며, 이 기초로부터 선교의 열정을 회복할 것을 강력하게 촉구한다. 특히 존 파이퍼 목사와 베들레헴 침례교회가 오랫동안 미전도 종족 선교에 헌신해 온 것은 단기적 성과에 급급한 한국 교회에 큰 도전이 된다. 이 책의 열정적인 외침 속에서 하나님의 선교가 올바르게 재조명되어, 한국 교회가 21세기 세계 선교 역사에 든든한 디딤돌의 역할을 충실히 감당하기를 바란다.

송태근 삼일교회 담임목사

그리스도인은 하나님의 영광을 드러내도록 지음 받은 사람들이다. 그중의 하나가 선교인데, 이런 차원에서 하나님이 기뻐하시는 올바른 방식의 선교를 행하는 것이 중요하다. 존 파이퍼는 이 책에서 복음 중심적 선교에 대한 성경신학을 기반으로 하나님의 선교를 풀어내며, 열방을 품는 그리스도인의 소명을 거듭거듭 확인시킨다. 열방을 향한 하나님의 마음이 깊이 드러나 있고, 지상명령에 기쁘게 동참하기를 강력하게 촉구하는 이 책은, 선교에 관심 있는 분들뿐 아니라 그리스도인이라면 누구나 읽어야 할 책이라고 생각하여 기쁘게 추천한다.

이찬수 분당우리교회 담임목사

20년 전, 북미 어바나 선교대회에서 처음 만난 존 파이퍼 목사의 선교적 안목과 열정이 하나님의 선교에 대한 내 시각을 근본적으로 바꾸었던 기억이 아직도 생생하다. 이미 널리 알려진 그의 명저 「열방을 향해 가라」가 그의 선교적 관점을 차분히 정리해서 보여 주는 입문서라면, 이 책은 세계 선교를 향한 그의 거룩한 부담과 뜨거운 열정을 토해 내는 감동적인 역작이다. 세계 선교에 동참하고 있거나 앞으로 동참할 사람이라면 반드시 읽고 묵상해야 할 필독서다!

정민영 국제 위클리프(Wycliffe Global Alliance) 부대표

우리는 존 파이퍼 목사에게 많은 사랑의 빚을 지고 있다. 그의 설교와 글, 성품에서 많은 사람들이 도전과 위로를 받고 다시금 새로운 소망을 향해 발걸음을 내딛는다. "예배가 존재하지 않기 때문에 선교가 존재한다"는 그의 말 한마디가 많은 사람들의 선교관에 큰 영향을 끼쳤다. 그는 선교는 하나님의 영광에 대한 이야기이고, 그 영광이 온 세상에 알려지기를 가장 열정적으로 원하시는 분은 바로 하나님이라고 주장한다. 또한 우리에게 하나님의 영광을 위한 하나님의 열정을 가지라고 도전한다. 그의 설교를 글로 읽을 수 있다는 즐거움과 하나님의 영광을 향한 열정이 이 책을 집어드는 모든 사람을 사로잡을 것이 분명하다.

한철호 선교한국 파트너스 상임위원장

하나님의 선교를 열망하라

A Holy Ambition:
To Preach Where Christ Has Not Been Named

John Piper

하나님의 선교를 열망하라

존 파이퍼 지음 | 이선숙 옮김

좋은씨앗

| 차례 |

서문_ 빌 월쉬   8

서론

1 거룩한 열망: 그리스도의 이름이 불리지 않는 곳에서 복음 전하기   16

2 선교: 예수님을 예배하며 모든 백성이 기뻐하는 것_ 데이비드 마티스   30

1부_ 복음 중심적 선교에 대한 성경신학

3 그분의 영광에 대한 이야기   52

4 믿음으로 말미암은 자들은 아브라함의 자손인 줄 알지어다   85

5 너희가 그리스도의 것이면 약속대로 유업을 이을 자니라   102

2부_ 세계 선교 명령

6 이 우리에 들지 아니한 다른 양들   114

7 모든 사람을 위한 그리스도의 측량할 수 없는 풍성함   135

8 열방에 퍼진 그리스도의 향기   151

9 열방에는 복음을, 가난한 자에게는 관용을   168

3부_ 선교의 대가와 축복

    10 죽음을 각오하고 선교하기   186

    11 내가 너희를 보냄이 양을 이리 가운데로 보냄과 같도다   211

결론

    12 열방 가운데서 하나님의 영광을 선포하라   228

부록

    1 번영 설교: 거짓되고 치명적이다   246

    2 타문화 선교를 이끄는 신념들   254

성경구절 찾아보기   275

서문

국내외를 여행하다 보면, 존 파이퍼 목사의 「열방을 향해 가라」(*Let the Nations Be Glad*)를 읽고 도전을 받아 타문화 선교를 하게 되었다는 사람들을 자주 만나게 된다. 참으로 놀랍다. 현재 네 개의 대륙에서 이런 사람들과 이야기를 나누고 있다. 이런 일들을 보면, 하나님이 존 파이퍼 목사의 사역에 부어 주신 예언자적 소명에 영향을 받아 선교에 뛰어든 사람이 많은 것 같다.

나는 선교를 크게 강조하는 신앙 배경에서 자라지 않았다. 솔직히 말하면, 선교에는 별 관심이 없었다. 그러다가 1999년 베들레헴 침례교회에 다니기 시작하면서 성경이 말하는 이 위대한 주제에 눈뜨게 되었다. 선교에 처음 눈뜬 그날, 내가 앉았던 예배당 자리가 아직도 생생하다. "온 백성아, 그분을 찬송하라"*는 존 파이퍼 목사의 설교를 듣는 중에 하나님이 나를 "보내는 선교사"가 되도록 움직여 가신다는 느낌을 받았다. 예배가 끝나자마자 나는 아내에게 내 마음에 떠오른 행동 계획을 이야기했다. 그 순간이

---

* http://www.desiringgod.org/resource-library/sermons/let-all-the-peoples-praise-him를 참조하라.

시발점이 되어 수년 후에는 직업을 바꾸게 되고, 지금 동역하고 있는 '디자이어링 갓'(Desiring God) 선교사역에 뛰어들게 되리라는 것을 당시에는 미처 몰랐다.

하나님은 자신의 뜻을 드러내는 방법들을 결정하신다. 그분은 '수단'과 '목적'의 하나님이시다. 하나님은 자기 백성을 선교로 부르시기 위해 '전달자'와 '메시지'를 보내신다. '증인'을 부르시고 '전할 복음의 말'을 주신다. '예언자'와 '예언'을 정하신다. 예언자와 예언이 늘 함께 나타나는 것은 아니지만, 둘 다 중요하다. 사도 바울은 가르치고 제자로 삼기 위해 직접 소아시아 도시들을 방문했지만, 때로는 하나님의 영감으로 쓴 편지들을 보내기도 했다. 이 편지들은 초대 교회가 세워지는 데 큰 영향을 끼쳤고, 수천 년이 지난 오늘날 우리에게도 큰 가르침을 주고 있다.

하나님은 하나의 원형으로서, 사람들이 모여 하나님의 이름을 높이도록 우리에게 한 사람(a Person)과 그를 증언하는 한 책(a Book)을 보내 주셨다. 오늘날 하나님은 "가는 선교사들"을 세계 곳곳으로 보내시고, 가장 힘든 오지까지 가닿을 수 있도록 온갖 과학기

술을 적절히 사용하신다. 하나님은 이러한 전 세계적인 사역에, 우리를 현장 사역자와 내용 공급자로 참여하도록 부르신다.

좋은 소식을 전하며 평화를 공포하며 복된 좋은 소식을 가져오며 구원을 공포하며 시온을 향하여 이르기를 네 하나님이 통치하신다 하는 자의 산을 넘는 발이 어찌 그리 아름다운가(사 52:7).*

지난 세기에는 세계 기독교 인구의 중심이 남쪽으로 많이 옮겨 갔다. 아프리카, 아시아, 남미에서 매일 엄청난 숫자의 사람들이 교회로 몰려들고 있다.* 그런데 성경 훈련을 제대로 받은 목자의 수가 역부족인 상태다. 반면 유럽에서는 교회가 몇몇 지역에서 간신히 명맥만 유지한 채 쇠퇴하고 있다. 제대로 된 신학이 없고 건전한 내용이 담긴 자료들이 부족하여 세계의 수많은 지역 교회들이 온갖 거짓 가르침에 오염되기 쉬운 실정이다.

우리는 이러한 결핍이 얼마나 심각한지를 잘 모른다. 다양한 형태(가령 종이책, 전자책, 잡지, 웹사이트, 라디오 방송, MP3, 온라인 동영상 등)로 좋은 가르침을 끊임없이 접할 수 있기 때문이다.

---

* 롬 10:15 참조.
* Philip Jenkins, *The Next Christendom: The Coming of Global Christianity*(New York Oxford University Press, 2007, 개정판)(「신의 미래」 도마의길), Mark A. Noll, *The New Shape of World Christianity: How American Experience Reflects Global Faith*(Downers Grove: IVP Academic, 2009).

우리의 문제는 기근이 아니라 영양 불량이다. 북미 교회는 영양이 풍부한 엄청난 음식이 바로 코앞에 있음에도 불구하고 무분별하게 영적 불량 식품을 선택하고 있다.

역사적으로 하나님은 그분의 교회를 세우는 중요한 수단으로 성문화된 말(글)을 사용하셨다. 인간의 언어로 인쇄된 성경, 혹은 초대교회 교부들의 글, 혹은 종교개혁 인쇄물일 수도 있을 것이다. 리처드 콜(Richard Cole)은 이렇게 말한다.

종교개혁은 루터의 설교와 수필, 연설 그리고 성경 번역본들이 인쇄되지 않았더라면 아마 생각할 수도 없었을 것이다. 사실 종교개혁은 책과 인쇄물과 맞물려 이루어졌다. 16세기 이전 세대들과 비교하면 1520년대에는 인쇄매체가 폭발적으로 급증했는데, 이와 정확하게 맞물려 독일에서 종교개혁이 일어났다.*

현대적인 모든 형태에 내용물을 담아 선고하는 것은 하나님이 계획하신 것이다. 이것은 복음을 전파하는 데 가장 효과적이고, 다음 세대 지도자를 준비시키는 데 필수적인 방법이다. 랄프 윈터(Ralph Winter)는 이것이 가장 전략적인 사역 방법 중 하나라고 말한다.

* "종교개혁 인쇄물들: 세상에 알려지지 않은 영웅들"(Reformation Printers: Unsung Heroes), 리처드 콜, 16세기 저널(The Sixteenth Century Journal) 15권 3호(1984년 가을), 327-339쪽. 웹사이트 http://www.jstor.org/stable/2540767

선교 역사를 통틀어 주축을 이룬 두 가지 방법이 있습니다. 하나는 당연히 성경이고, 또 다른 하나는 인쇄물입니다. 선교 방법론적 관점에서 인쇄물의 중요성을 능가하는 것은 아무것도 없습니다. 만남은 있다가 없고, 사람도 있다가 사라지는 법이지요. 하지만 인쇄물은 사라지지 않고 계속해서 말합니다.*

1994년 이래, 디자이어링 갓 선교사역은 모든 사람이 예수 그리스도를 통해 기쁨을 누리게 하자는 목표로, 모든 일에서 하나님의 주권을 사모하도록 돕는 자료들을 만들어 배포해 왔다.* 또한 선교의 목적에 부응하여 이 자료들을 지구상 어디서든 사용할 수 있는 형태와 언어로 준비하는 작업을 진행하고 있다. 복음이 간절히 필요한 세계 구석구석으로 확고한 성경적 가르침이 자유롭게 흘러들어 가는 것을 가로막는 장애물들을 제거하고자 애쓰고 있다.

이 설교선집(選集)에는 존 파이퍼 목사가 30년 이상 선교에 대해 설교한 것 가운데 중요한 부분만 선별하여 실었다. 거의 20년 전에 출간된「열방을 향해 가라」를 훌륭하게 보완하는 책이 될 것이다. 설교는 최소한의 편집만 거치고 어느 정도 원형 그대로 실었다. 그래서 존 파이퍼 목사가 선교에 대해 어떻게 설교했는지,

* 랄프 윈터, 바이블패스웨이미니스트리즈(Bible Pathway Ministries)를 위한 연설 중에서.
* http://www.desiringgod.org

베들레헴 침례교회가 선교주간을 어떻게 운영했는지를 직접 살펴볼 수 있을 것이다. 또한 「열방을 향해 가라」가 학구적이고 논리적인 글이라면, 이 책은 엄선한 설교를 그대로 실은 글이라서 설교가들이 선교에 대해 설교할 때 유용할 것이다.

  우리는 하나님이 이 책을 사용하셔서 이 땅의 교회들을 강건하게 하시기를 기도한다. 그리고 다양한 매체를 통해 다양한 형태로 복음을 담은 자료들을 활용하여 '보내는 선교사'와 '가는 선교사', 그리고 '자원들'을 총동원하여 "우리 하나님이 통치하신다"는 복음이 전 세계에 흩어져 있는 하나님의 사람들을 모으고 강건하게 하기를 간절히 기도한다.

빌 월시(Bill Walsh)
디자이어링 갓 국제선교부장

서론

1

거룩한 열망

그리스도의 이름이 불리지 않는 곳에서 복음 전하기

2006년 8월 27일

그리스도께서 이방인들을 순종하게 하기 위하여 나를 통하여 역사하신 것 외에는 내가 감히 말하지 아니하노라 그 일은 말과 행위로 표적과 기사의 능력으로 성령의 능력으로 이루어졌으며 그리하여 내가 예루살렘으로부터 두루 행하여 일루리곤까지 그리스도의 복음을 편만하게 전하였노라 또 내가 그리스도의 이름을 부르는 곳에는 복음을 전하지 않기를 힘썼노니 이는 남의 터 위에 건축하지 아니하려 함이라 기록된 바 주의 소식을 받지 못한 자들이 볼 것이요 듣지 못한 자들이 깨달으리라 함과 같으니라 그러므로 또한 내가 너희에게 가려 하던 것이 여러 번 막혔더니 이제는 이 지방에 일할 곳이 없고 또 여러 해 전부터 언제든지 서바나로 갈 때에 너희에게 가기를 바라고 있었으니 이는 지나가는 길에 너희를 보고 먼저 너희와 사귐으로 얼마간 기쁨을 가진 후에 너희가 그리로 보내 주기를 바람이라_
롬 15:18-24

이 본문에서 우리가 관심을 갖고 살펴봐야 할 것이 세 가지 있습니다. 세 가지 모두 우리 삶에 직접적으로 영향을 끼치고 있으며 (비록 우리는 자각하지 못해도), 하나님과 그분이 21세기에 이루시고자 하는 목적과 긴밀하게 연결되어 있습니다. 첫째는 거룩한 열망이고, 둘째는 측량할 수 없는 필요이고, 셋째는 세계화 전략입니다. 이제부터 하나씩 살펴보면서 이 세 가지가 어떻게 서로 연결되는지, 오늘날 이 세상을 살아가는 우리와 어떻게 관련 있는지 알아보겠습니다.

거룩한 열망

먼저, 20절을 보겠습니다. "또 내가 그리스도의 이름을 부르는 곳에는 복음을 전하지 않기를 힘썼노니 이는 남의 터 위에 건축하지 아니하려 함이라."

바울은 거룩한 열망에 매여 있었습니다. 바울이 22절에서 "그러므로 또한 내가 너희에게 가려 하던 것이 여러 번 막혔더니"라고 말하기 때문에 제가 '매여 있다'라고 표현한 것입니다. 그리고 바울은 23절 끝부분에서 "또 여러 해 전부터 언제든지 서바나로 갈 때에 너희에게 가기를 바라고 있었으니"라고 말합니다.

여러분이 여러 해 동안 무언가를 하려고 하는데 못하게 될 때는, 무언가가 혹은 누군가가 여러분이 그것을 하지 못하도록 반대로 제어하는 것이 분명합니다. 바울을 제어하여 로마로 가지 못하게 한 것은, 예루살렘에서 일루리곤(오늘날 알바니아)에 이르는 지역들에서 다 이루지 못한 그의 열망이었습니다. 하지만 결국 23절에서 바울은 이렇게 말합니다. "이제는 이 지방에 일할 곳이 없고." 그리고 24절에서 이렇게 말합니다. "이는 지나가는 길에 너희를 보고 먼저 너희와 사귐으로 얼마간 기쁨을 가진 후에 너희가 그리로 보내 주기를 바람이라."

다른 말로 하면, 바울은 예루살렘에서 일루리곤에 이르는 지역들에서 예수님의 이름을 듣지 못한 사람들에게 복음을 전하려는 열망에 매여 있었다는 것입니다. 바울은 이 열망이 완전히 충족될 때까지 포기하려 들지 않았습니다. 하지만 이제는 이 지역들에서 사역이 마무리되었기 때문에 열망이 그를 스페인으로 이끌어 갑니다. 그제야 수년 간 바라던 일, 즉 로마에 있는 교회를 방문하여 잠시나마 그들과 교제합니다.

거룩한 열망에 매여 움직이는 것은 좋은 일입니다. 여러분도 거룩한 열망에 매여 움직이십니까? 제가 "거룩한"이라는 형용사를 덧붙인 이유는 그 열망의 목적이 거룩하기 때문입니다. 예수님에 대해 듣지 못한 열방이 그분을 믿고 그분께 순종하는 것, 예수님으로 인해 그들이 죄 사함을 받고 하나님의 진노에서 구원받는 것이 바로 이 열망의 목적입니다. 이 열망을 거룩하다고 말하는 또 다른 이유는, 그것이 거룩한 하나님과 그분의 거룩한 말씀으로부터 나오기 때문입니다. 거룩한 열망에 매여 움직이는 것은 바르고 좋은 일입니다.

여러분에게는 거룩한 열망이 있습니까? 모든 사람이 바울의 열망을 가질 필요는 없습니다. 심는 사람이 있는가 하면 물을 주는 사람도 있는 법입니다(고전 3:6-8). 각 사람마다 나름의 은사가 있습니다(고전 7:7). 각 사람이 서 있거나 넘어지는 것은 그 주인의 손에 달렸습니다(롬 14:4). 하지만 저는 하나님은 그분의 자녀들이 각자 거룩한 열망을 갖기 원하신다고 생각합니다.

어린이를 위한 거룩한 열망

어린이 여러분, 잠시 제 말에 주의를 기울여 보십시오. "거룩한 열망"이라는 말이 여러분이 매일 사용하는 말이 아니라서 낯설겠지요. "거룩한 열망"이란 하나님이 여러분에게 하기를 원하시는 것으로, 여러분이 정말로 하고 싶어 하는 무언가를 의미합니다. 여러분이 너무나 간절히 원해서 그것을 하느라, 그 외에 정말로 하고 싶은 다른 일을 못하게 되는 그런 일입니다. 바울은 수년간 정말로 로마에 가고 싶었습니다. 하지만 그보다 더 간절히 원하는 일이 있어서 그렇게 할 수 없었습니다. 바울은 예수님을 알지 못하는 아시아와 그리스에서 복음을 전하고 싶었습니다. 그는 정말로 이 일을 하고 싶었습니다. 우리는 이런 욕구를 "열망"이라고 부릅니다. 그리고 그 욕구가 하나님이 원하시는 것일 때 우리는 그것을 "거룩한 열망"이라고 부릅니다.

여러분에게 이런 거룩한 열망이 있습니까? 아직 없을 수도 있습니다. 여러분은 아직 어립니다. 믿음으로 아직 어릴 수 있습니다. 하지만 언젠가는 더 이상 어린아이가 아닐 것입니다. 어린아이와 어른의 차이 가운데 하나는, 그리스도인으로서 어른이란 거룩한 열망이 있음을 의미한다는 것입니다. 우리 딸 탈리사는 말할 것도 없고, 대부분의 어린 소녀들은 인형을 갖고 놀기를 좋아합니다. 좋은 일입니다. 하지만 어린 소녀 여러분, 언젠가는 인형을 갖고 노는 재미일랑 잊어버리고 아이를 키우며 돌보는 더 큰 기쁨, 더 나은 기쁨을 누리도록 성장할 날이 올 것입니다. 그리고 언젠가는 해외에 있는 배고픈 아이들을 돌보거나 부모가 없는 외로운 아이들을 돌보는 사역을 감당하게 될지도 모릅니다. 여러분 중에는 이것이 거룩한 열망이 될 사람도 있을 것입니다. 다른 사람에게는 또 다른 열망이 생길 것입니다.

그리고 소년 여러분, 들어 보십시오. 여러분도 제가 어린 시절에 그랬던 것처럼 장난감 총이나 트럭, 공을 좋아하고 누군가와 함께 노는 것을 좋아하겠지요. 저는 한 번도 진짜 총을 가져 본 적이 없습니다. 하지만 영화에서처럼 맷 딜런이 들었던 권총과 루카스 매케인(서부극에 등장하던 가상의 인물)이 사용하던 둥근 손잡이 소총으로 수많은 악당들에게 총을 쏘곤 했습니다. 친구들과 축구하는 것도 좋아했고, 도로를 가로질러 내 장난감 트럭이 지나갈 길을 만드는 것도 좋아했고, 손이 보이지 않을 정도로 재빨리 권총을 뽑아 드는 것도 좋아했습니다. 무척이나 재미있고 좋은 추억들입니다.

하지만 여러분은 언젠가 더 이상 어린 소년이 아닐 것입니다.

그리고 어린 소년과 어른의 차이 가운데 하나는, 그리스도인으로서 어른이란 거룩한 열망이 있음을 의미한다는 것입니다. 또한 장난감 총이나 트럭, 공을 갖고 노는 재미가 점점 줄어들고 정의와 구원을 위해 싸우는 것에 점점 더 관심을 갖게 되는 것을 의미하기도 합니다. 어른이 되는 것은 거룩한 열망을 갖고 성령의 검을 힘차게 휘두르고, 도움이 필요한 사람에게 사랑을 가득 실어다 주며, 예수님의 이름으로 사탄의 엉덩이를 걷어차는 것을 의미합니다.

엄마와 아빠, 독신자, 젊은이와 노인 할 것 없이 그리스도인이라면 누구나 거룩한 열망을 가져야 합니다. 하나님의 영광을 위해 여러분이 정말로 하고 싶은 것이 있어야 한다는 말입니다. 여러분을 매여 움직이게 하는 그런 것 말입니다. 그 거룩한 열망 때문에 여러분은 아직은 "로마"로 가지 않겠다고 결정하게 될 것입니다. 이 거룩한 열망으로 인해 여러분의 삶은 영원한 집중력을 갖게 되고, 짜임새 있고 열정이 넘치는 삶이 될 것입니다.

거룩한 열망의 원천

거룩한 열망은 어디서 오는 것일까요? 20절과 21절이 연결되는 지점에서 이 질문에 대한 답의 결정적인 부분을 찾을 수 있습니다. "또 내가 그리스도의 이름을 부르는 곳에는 복음을 전하지 않기를 힘썼노니 이는 남의 터 위에 건축하지 아니하려 함이라 기록된 바 [그러면서 바울은 이사야서 52장 15절을 인용합니다] 주의 소식을 받지 못한 자들이 볼 것이요 듣지 못한 자들이 깨달으리라 함과 같으니라."

바로 여기에 우리를 위한 놀라우면서도 연관성 있는 사실이 숨어 있습니다. 사도행전 9장, 22장, 26장에 보면, 바울이 다메섹 도상에서 부활하신 예수님께 부름 받는 장면이 나옵니다. 예수님은 사도행전 26장 17-18절에서 바울에게 사명을 주셨습니다. "내가 너를 구원하여 그들에게 보내어 그 눈을 뜨게 하여 어둠에서 빛으로, 사탄의 권세에서 하나님께로 돌아오게 하고 죄 사함과 나를 믿어 거룩하게 된 무리 가운데서 기업을 얻게 하리라." 이처럼 바울은 부활하시고 살아 계시며 모든 것을 다스리시는 예수 그리스도로부터 이방인의 빛이 되도록 직접 부름 받았습니다.

하지만 바울은 로마서 15장 21절에서 이 경험을 말하지 않습니다. 바울은 "내 열망은 그리스도를 알지 못하는 민족에게 빛이 되는 것이다. 예수님이 다메섹 도상에서 나를 부르셔서 그렇게 말씀하셨기 때문이다"라고 말하지 않았습니다. 그는 오히려 이렇게 말했습니다. "내 열망은 그리스도의 이름이 불리지 않는 곳에서 복음을 전하는 것이다. 이사야서 52장 15절에서 '주의 소식을 받지 못한 자들이 볼 것이요 듣지 못한 자들이 깨달으리라 함과 같으니라'고 말씀하셨기 때문이다."

바울이 왜 이렇게 말했다고 생각하십니까? 제 생각은 이렇습니다. 예수님이 다메섹 도상에서 바울을 불러 복음을 듣지 못한 이 방인들에게 복음을 전하라고 말씀하셨을 때, 바울은 자신이 받은 이 소명이 하나님의 전체 구원 계획에 어떻게 들어맞는지를 보려고 성경(오늘날 "구약"이라고 불리는)으로 돌아가 이 소명을 확증하고 설명해 줄 무언가를 찾았을 것입니다. 그리고 그것을 찾아냈습니다. 바울은 우리를 위해서 자기 경험이 아닌 성경 말씀을 근거로 들어 말한 것입니다. 바울이 다메섹 도상에서 주님을 만난 경험은 우리가 겪은 것이 아니므로 언급하지 않습니다. 대신 우리도 갖고 있는 하나님의 성문화된 말씀을 언급합니다. 그리고 바울은 그 하나님의 말씀에 자기 열망의 뿌리를 둡니다.

따라서 "당신의 거룩한 열망은 어디서 온 것입니까?"라는 질문에 대한 제 대답은 이렇습니다. 우리의 거룩한 열망은 살아 계신 그리스도와의 개인적인 만남(다메섹 도상처럼 반드시 극적일 필요는 없습니다)에서 생겨나고, 하나님의 성문화된 말씀에 의해 그 모양이 드러나며 알려지고 능력을 덧입게 된다는 것입니다. 하나님의 율법을 주야로 묵상할 때(시편 1:2 참조), 즉 하나님의 말씀에 깊이 잠길 때 하나님은 그 말씀의 진리들을 여러분의 마음속에 새겨 넣어 그것이 거룩한 열망이 되게 하십니다. 아직 이런 경험을 하지 못했다면, 하나님의 말씀을 깊이 묵상하면서 하나님께 간구하십시오.

측량할 수 없는 필요

하나님은 우리를 의미 없는 열망으로 이끌지 않으십니다. 삶의 마지막 순간에 후회하게 될 열망으로 이끌지 않으십니다. 거룩한 열망으로만 충족될 수 있는 필요가 늘 존재합니다. 물론 하나님의 필요가 아니라 세상의 필요입니다. 거룩한 열망은 자만과는 거리가 멉니다. 늘 사랑의 형태로 나타납니다. 늘 다른 사람의 필요를 채워 줍니다.

이 본문에서 바울이 언급하는 측량할 수 없는 필요는 무엇일까요? 바울은 20절에서 이렇게 말합니다. "또 내가 그리스도의 이름을 부르는 곳에는 복음을 전하지 않기를 힘썼노니." 즉 바울이 그리스도에 대해 듣지 못한 사람들에게 복음을 전하기로 단호한 태도를 취했다는 의미입니다. 그들은 예수님의 이름을 알지도 못하는 사람들입니다.

아무도 변명할 수 없다

그러면, 여기서 한 가지 질문이 생깁니다. "이 사람들이 예수님의 이름조차 모른다면, 구원 받기 위해 예수님을 믿어야 한다는 점에서 그들에게 책임이 있는 것일까요? 만일 그들에게 책임이 없다면, 차라리 예수님을 모르도록 그냥 놔두는 게 더 안전하지 않을까요? 그리고 그들은 어차피 예수님에 대해 들어 본 적이 없으니, 하나님께서 긍휼을 베푸셔서 구원해 주실 거라고 믿는 게 더 낫지 않을까요? 바울, 당신은 왜 굳이 고난을 감수하면서까지 예수님의 이름을 듣지 못한 사람들에게 복음을 전하려고 하는 겁니까?"

바울은 로마서 1장 18-23절에서 그 대답을 합니다. 저와 함께 이 말씀을 천천히 읽으면서 바울이 그렇게 할 수밖에 없었던 일의 심각성을 느껴 보기를 바랍니다. 이 말씀은 예수님의 이름을 듣지 못한 사람들, 그리고 바울의 거룩한 열망이 복음을 전하도록 이끈 모든 사람과 열방에 대한 내용입니다.

하나님의 진노가 불의로 진리를 막는 사람들의 모든 경건하지 않음과 불의에 대하여 하늘로부터 나타나나니 이는 하나님을 알 만한 것이 그들 속에 보임이라 하나님께서 이를 그들에게 보이셨느니라 창세로부터 그의 보이지 아니하는 것들 곧 그의 영원하신 능력과 신성이 그가 만드신 만물에 분명히 보여 알려졌나니 그러므로 그들이 핑계하지 못할지니라 [바울이 간파한 측량할 수 없는 필요를 단정적으로 보여 주는 말입니다. 예수님의 이름을 듣지 못한 민족들도 심판날에 변명할 수 없다는 절박한 필요입니다.] 하나님을 알되 하나님을 영화롭게도 아니하며 감사하지도 아니하고 오히려 그 생각이 허망하여지며 미련한 마음이 어두워졌나니 스스로 지혜 있다 하나 어리석게 되어 썩어지지 아니하는 하나님의 영광을 썩어질 사람과 새와 짐승과 기어 다니는 동물 모양의 우상으로 바꾸었느니라.

바울은 로마서 2장 12절에서 이렇게 말합니다. "무릇 율법 없이 범죄한 자는 또한 율법 없이 망하고 무릇 율법이 있고 범죄한 자는 율법으로 말미암아 심판을 받으리라." 모든 사람이 그들에게 합당한 잣대로 심판 받게 될 것입니다. 그리고 자신들에게 주어진 진리를 억누르고 하나님을 반역하여 살았기 때문에 복음을 듣지 않은 모든 사람이 멸망할 것입니다. 한 가지 유일한 희망은 예수 그리스도의 복음을 듣고 믿는 것입니다.

예수님의 이름을 알지 못하는 민족들의 필요는 측량할 수 없는 필요입니다. 무한한 필요입니다. 우리가 상상할 수 있는 최고의 필요는, 민족들이 예수 그리스도의 복음을 듣고 믿어야 하는 필요입니다. 예수님의 복음은 "모든 믿는 자에게 구원을 주시는 하나님의 능력"이기 때문입니다(롬 1:16). 예수님의 복음 없이 구원 받을 사람은 한 명도 없습니다.

모든 사람이 바울처럼 살도록 부름 받지는 않습니다. 하지만 이 위대한 필요를 충족시키기 위해 자기 삶을 바치지 않아도 되는 사람은 없습니다.

세계화 전략

하지만 여러분 중에는 모든 사람이 복음을 듣고 믿어야 하는 것, 즉 이 특별한 세계화 전략에서 개인적으로나 직업적으로 바울과 같은 일을 하도록 부름 받은 사람도 있을 것입니다. 이 세계화 전략은 매우 놀랍습니다. 베들레헴 교회에 처음 오신 분들은 우리가 선교를 어떻게 이해하는지 귀 기울여 들어 보십시오. 이제 바울이 한 놀라운 말들을 살펴보겠습니다.

먼저, 19절 하반절입니다. "내가 예루살렘으로부터 두루 행하여 일루리곤까지 그리스도의 복음을 편만하게 전하였노라." 예루살렘에서 시작하여 위로 시리아를 거쳐 소아시아(터키)를 가로지르고, 동편으로는 그리스 아래까지 서편으로는 오늘날 알바니아가 있는 북부 이탈리아에 이르는 범위입니다. 바울은 이 지역들에서 복음을 편만하게 전했다고 말합니다. 그리고 23절에서 "이제는 이 지방에 일할 곳이 없고"라는 아주 놀라운 말을 강조해서 합니다. 그러고는 "내가 스페인으로 갈 때에, 지나가는 길에"라고 말합니다(23-24절, 새번역).

예루살렘에서 일루리곤에 이르기까지 더 이상 일할 곳이 없다는 것은 도대체 무슨 의미일까요? 그 지역들에서 복음을 들어야 할 사람들이 아직도 수십만 명은 더 있을 것입니다. 바울이 에베소(바로 이 지역에 속하는 곳입니다)에서 디모데에게 쓴 편지만 봐도 이를 알 수 있습니다. 바울은 디모데에게 "전도자의 일을 하"라고 명령합니다(딤후 4:5). 다른 말로 하면, 전도를 받아야 할 사람들이 있었다는 것입니다. 그런데 바울은 이 지역에서 자신의 사역은 끝났다고 말합니다.

우리는 바울의 말을 이렇게 이해할 수 있습니다. 바울은 지역 전도자가 아닙니다. 그는 개척 선교사입니다. 즉 그의 소명과 열망은 교회가 세워진 곳에서 전도활동을 하는 것이 아니라는 말입니다. 그것은 교회가 할 일입니다. 바울의 소명과 열망은 교회가 전도활동을 하지 않는 곳에서 복음을 전하는 것입니다. 그리스도인이 전혀 없는 곳에서 복음을 전하는 것입니다. 예수님의 이름을 알지 못하는 사람들에게 복음을 전하는 것입니다.

선교, 복음 전도, 거룩한 열망

용어는 중요하지 않습니다. 구분하는 것이 중요합니다. 개척 선교사가 있고 복음 전도자가 있습니다. 선교사들은 타문화를 받아들이고 그들의 언어를 배웁니다. 그리고 개척 선교사들은 만왕의 왕이시요 세상의 구원자이신 예수님을 알지 못하는 사람들을 수천 년간 통치해 온 어둠과 사탄의 권세를 "말과 행위로 표적과 기사의 능력으로 성령의 능력으로"(롬 15:18-19) 깨뜨리기 위해 삶을 바칩니다.

이것이 바울의 열망이었습니다. 모든 민족을 제자로 삼으라는 지상명령이 아직도 유효하고 오늘날에도 복음을 알지 못하는 사람들이 있습니다. 그러므로 모든 교회는 하나님이 수많은 개척 선교사들을 일으켜 세우시고, 우리 모두를 복음 전도자로 만들어 주시도록 기도해야 합니다.

저는 앞으로 10년 안에 여러분 가운데 열 명 정도는 미전도 종족에게 가서 고국에 이런 편지를 보낼 거라는 상상을 합니다. 아니, 기도합니다. "복음을 듣지 못한 사람들에게 복음을 전하기 위해 저는 지금 이곳에 와 있습니다. 로마서 15장 20절에서 '내가 그리스도의 이름을 부르는 곳에는 복음을 전하지 않기를 힘썼노니 이는 남의 터 위에 건축하지 아니하려 함이라'고 말하고 있기 때문입니다. 하나님은 이 말씀이 제 마음속에서 불타오르게 하셨고, 2006년 8월 베들레헴 침례교회에서 이 말씀이 제 거룩한 열망이 되게 하셨습니다."

오, 주여, 그렇게 행하옵소서. 아멘.

2

선교*

예수님을 예배하며 모든 백성이 기뻐하는 것

선교는 예수님을 예배하는 것과 관련 있습니다. 선교의 목표는 각 족속과 방언과 나라에서 구원 받은 그분의 백성이 예수님을 예배하는 것입니다. 선교의 결과는 기뻐하며 예수님을 찬양하는 모든 백성입니다. 그리고 선교의 동기는 예수님의 백성이 그분 안에서 맛보는 즐거움입니다. 예수님을 예배하는 것이 선교의 목표요, 결과이자 연료입니다.

다른 식으로 표현하면, 선교는 예수님이 전 세계에서 영광 받으시는 것입니다. 처음부터 끝까지—목표, 결과, 연료에서—선교의 중심은, 모든 족속과 방언과 나라에서 그분의 다양한 백성들의 찬양 속에서 예수님의 이름이 온 세상에 퍼지는 것입니다. 선교에

---

* 이번 장은 존 파이퍼 목사의 행정비서 데이비드 마티스가 쓴 것으로, 케빈 드영이 편집한 *Don't Call It a Comeback: The Old Faith for a New Day*(Wheaton, IL: Crossway, 2011)에 수록되어 있다.

서 중요한 것은, 모든 백성이 기뻐하며 하나님의 아들에게 영광을 돌림으로써 전 세계에서 아버지의 이름이 높아지는 것입니다.

선교란 무엇인가?

라틴어 *mitto*('보내다'는 뜻)에서 나온 단어 '선교'(missions)는 전 세계에서 모든 백성을 추수하도록 예수님의 제자들을 보낸다(sending)는 의미로 5백 년간 사용되었습니다. 3백여 년간 이 단어는 특히 세계 복음화, 즉 아직 복음을 듣지 못한 사람들에게 복음을 전한다는 의미로 사용되었습니다.

마태복음의 두 본문이 선교의 핵심을 잘 보여 줍니다. 예수님은 마태복음 9장 37-38절에서 제자들에게 이렇게 말씀하십니다. "추수할 것은 많되 일꾼이 적으니 그러므로 추수하는 주인에게 청하여 추수할 일꾼들을 보내 주소서 하라." 선교는 전 세계에서 추수하기 위해 일꾼을 보낸다는 의미입니다.

두 번째 본문은 마태복음 28장 18-20절로, 예수님이 제자들을 보내시는 내용입니다. "지상명령"이라 불리는 대규모 소집명령입니다. 여기서 예수님의 주된 명령인 "모든 민족을 제자로 삼아"는 "가서"(보냄 받다)라는 요구 뒤에 따라옵니다. 보내고 가는 것은 동전의 양면과 같습니다. 예수님과 그분이 세우신 교회는 보내고, "보내진 자들" 혹은 "선교사들"은 갑니다. 따라서 선교는 교회가 선교사들을 보내서, 그들이 아니라면 복음을 듣지 못했을 사람들 속에 교회를 세우는 것입니다.

예수님의 명령

선교사역의 핵심이 되는 이 지상명령을 자세히 살펴보는 것이 좋겠습니다.

> 예수께서 나아와 [제자들에게] 말씀하여 이르시되 하늘과 땅의 모든 권세를 내게 주셨으니 그러므로 너희는 가서 모든 민족을 제자로 삼아 아버지와 아들과 성령의 이름으로 세례를 베풀고 내가 너희에게 분부한 모든 것을 가르쳐 지키게 하라 볼지어다 내가 세상 끝날까지 너희와 항상 함께 있으리라 하시니라.

예수님은 모든 권세를 가지셨다(18절)

먼저, 예수님은 하늘과 땅의 "모든 권세"가 자신에게 있다고 말씀하십니다. 영원 전부터 하나님의 아들은 하나님으로서 "모든 권세"를 가지셨지만, 지금은 인간의 형상을 입고 우리의 구원을 성취하시기 위해, 인간으로서 즉 신인(God-man)으로서 "모든 권세"를 갖고 계십니다. 그분은 인간의 운명을 모두 당하셨고(시 8:3-8, 히 2:5-10) 지금은 하나님의 주권으로 전 세계를 통치하시며 세계선교의 성공을 보증하고 계십니다.

"내 교회를 세우리니"라는 (마 16:18) 예수님의 약속은 반드시 지켜질 것입니다. 신인이신 그분은 "이 천국 복음이 모든 민족에게 증언되기 위하여 온 세상에 전파되리니 그제야 끝이 오리라"는(마 24:14) 맹세를 반드시 지키실 것입니다. 예수님은 "물이 바다를 덮음같이 여호와의 영광을 인정하는 것이 세상에 가득함이니라"는 하박국 2장 14절 말씀의 성취를 보증하십니다.

과대망상증…아니면 사랑?

예수님이 세상에서 가장 유명한 사람이 되기 위해 "모든 권세"를 사용하시는 것이 과대망상증일까요? 예수님을 아는 것이 가장 큰 기쁨이 아니라면, 예수님의 이런 추구는 사랑과는 거리가 먼 행위일 것입니다. 하지만 그분은 이 세상에서 가장 가치 있는 실재(Reality)이십니다. 그분을 아는 일은, 그것을 얻기 위해 모든 것을 잃어버려도 좋을 만큼 "가장 가치 있는 일"입니다(빌 3:8). 따라서 예수님이 자신을 높이는 것은 전적으로 사랑의 행위입니다. 인간의 영혼을 진정으로 만족시키는 분은 오직 예수님 한 분이십니다. 그러므로 그분은 자신을 드러내지 않고서는 민족들을 사랑하실 수 없습니다. 이런 이유로 선교의 가장 깊은 근거는 하나님을 향한 하나님의 마음이 됩니다.

따라서 지상명령의 근거는 무엇보다 궁극적으로 민족들을 향한 하나님의 마음이 아니라—이것도 놀라운 일이지만—하나님을 향한 하나님의 마음입니다. 그리고 자기 영광을 구하시는 하나님으로 인해 선교는 중단될 수 없습니다. 하나님이 자기 영광을 다른 자에게 주지 않으실 것이 확실한 만큼(사 48:11), 지상명령은 실패하지 않을 것입니다. 그분의 영광이 걸린 문제입니다. 전 세계에 선교가 필요하다는 전제 아래 예수님을 예배하면서 하나님의 영광을 구할 때, 우리는 중단되지 않을 선교에 동참하게 됩니다. 예수님은 그분의 교회를 세우실 것입니다. 선교의 임무는 끝나게 될 것입니다.

"모든 민족을 제자로 삼아"(19절)

예수님이 누구와도 비교할 수 없는 그분의 권위를 내세우신 것은 제자들에게 하나의 암시를 주기 위해서였습니다. 뒤이어 세계 역사에서 가장 중요한 그러므로(therefore) 가운데 하나가 나옵니다. "그러므로 너희는 가서 모든 민족을 제자로 삼아…."

영어성경에는 "go"(가라), "disciple all nations"(모든 민족을 제자로 삼아라)는 두 개의 명령으로 되어 있지만, 마태복음 헬라어 역본에는 하나의 명령으로 되어 있습니다. 문자 그대로 번역하면, "가서 모든 민족을 제자로 삼아"(having gone, disciple all nations)가 됩니다. 제자로 삼는 것에 강조점이 있지만, 가는 것이 필수 전제입니다. 모든 민족을 제자로 삼는 이 세계적인 과업에 동참하기 위해서는 반드시 가야 합니다. 예수님은 모든 민족이 예루살렘으로 올 것이므로 제자들이 그곳에서 계속 사역할 수 있다고 약속하지 않으셨습니다. 제자들은 가야 했습니다. 바다를 건너고 국경을 넘어야 했습니다. 바울과 바나바가 안디옥 교회에서 파송된 것처럼, 그들은 "보내"져야(행 13:3) 했습니다. 선교사가 되어야 했습니다.

하지만 현재의 세계 상황, 즉 이미 교회가 세워진 도시들에 복음을 듣지 못한 사람들이 몰려 있는 상황에서는 또 다른 종류의 '가는 것'(going)이 반드시 필요합니다. 즉 새로운 언어와 문화를 배우고 같은 동족들과 함께 생활하는 일상을 떠나 "보내"져야 (sent out) 합니다. 지리가 문제되지 않는 곳에서도, 언어와 문화는 문제될 수 있습니다. 지상명령은 모든 종류의 가는 것을 요구합니다.

제자 삼다는 동사다

"모든 민족을 제자로 삼으라"는 예수님의 요구가 지상명령의 핵심이라면, 예수님은 무슨 의미로 "제자로 삼으라"고 말씀하신 것일까요? 단순히 회심시키라는 의미는 아닙니다. 그렇게 되면 "아버지와 아들과 성령의 이름으로 세례를 베풀고 내가 너희에게 분부한 모든 것을 가르쳐 지키게 하라"는 말씀과 일맥상통하지 않습니다. 예수님이 분부하신 모든 것을 지키도록 모든 민족을 가르치는 것은, 단순히 회심시키는 것이 아닙니다. 그리고 모든 민족을 제자로 삼는 것이 그저 단순히 교실에서 정보를 전달하는 수준이 아니라면, "가르쳐 지키게 하라"는 말씀에는 어떤 의미가 있는 것일까요?

적어도 이 말에는 영적 성숙이 수반되어야 합니다. 그리고 오늘날 많은 선의의 그리스도인들이 제자도(discipleship)라는 용어를 이런 의미로 사용하고 있습니다. 즉 영적 성숙을 추구하는 의미로 제자도라는 용어를 사용합니다. 그들은 "제자"가 되는 것은 가볍지 않고 진중하게 예수님을 따르는 것을 의미한다고 말합니다. 그래서 성숙한 그리스도인이 되기 원하는 사람들을 위해 "제자도 프로그램"을 만들어서 진행합니다. 이것도 좋습니다. 하지만 이것만으로는 무언가가 부족해 보입니다.

예수님의 모범

마태복음 문맥에서, 무언가 더 할 말이 없을까요? "모든 민족을 제자로 삼아"라는 말씀 속에서 예수님이 직접 자기 사람들을 "제자로 삼으셨던" 일이 떠오르지 않습니까? 그들은 결국 예수님의 "제자들"이었습니다. 그리고 예수님이 "모든 민족을 제자로 삼으라"고 말씀하셨을 때, 이 제자도가 예수님이 그들에게 행하셨던 바로 그 일이라고 생각하지 않았겠습니까? 오랜 시간 동안 일상에서 날마다 의도적으로 젊은 신자들과 함께 지내면서 그들이 성숙하도록 돕고 또 그들이 동일한 방식으로 다른 사람을 제자로 삼도록 본을 보여 주는 삶 말입니다.

이것은 사도 바울이 제자 디모데를 가르칠 때 했던 이야기와 비슷하게 들립니다. "또 네가 많은 증인 앞에서 내게 들은 바를 충성된 사람들에게 부탁하라 그들이 또 다른 사람들을 가르칠 수 있으리라"(딤후 2:2). "내 제자, 디모데야, 다른 사람들이 다른 사람을 제자로 삼도록 그들을 제자로 삼아라." 네 대의 영적 세대가 여기서 분명히 드러나고 있습니다. 바울, 디모데, 충성된 사람들, 그리고 "다른 사람들"입니다. 그 뒤를 이어 더 많은 세대가 함축되어 있습니다.

이런 관점에서 제자됨을 보면, 제자가 되는 것은 영적 성숙을 추구할 뿐 아니라 개인적인 관계 맺기와 실질적인 시간 투자("가는 것"을 성취하기 위한 투자)까지 포함됩니다. 예수님은 열두 제자와 함께 3년을 보내셨습니다. 예수님은 사역 초기에 그들을 제자로 부르셨고(마 4:19), 마태복음 28장에서 떠나실 때까지 자기 삶에서 가장 중요한 부분을 그들에게 주셨습니다. 예수님은 제자들에게 자기 삶을 투자하셨습니다. 복음서를 훑어보면, 예수님이 제자들에게 얼마나 헌신하셨는지가 나옵니다. 정말 놀라울 따름입니다. 수많은 무리가 예수님을 좇았지만, 그분은 자기 제자들을 좇으셨습니다. 예수님은 무리를 기꺼이 축복하셨지만, 몇몇 소수에게만 자기 삶을 투자하셨습니다.

모든 민족

"제자 삼기"가 단순히 회심뿐 아니라 영적 성숙과 제자들 개개인의 삶의 투자를 의미한다면, "모든 민족"은 무엇을 의미할까요? 여기서 예수님은 창세기부터 요한계시록까지 성경 전체를 아우르는 성경의 대주제를 다루고 계십니다.

창조 때부터 하나님은 "모든 민족"에 관심을 가지셨습니다. 창세기 연대표는 모든 민족의 기원을 노아와 그의 아들들을 거쳐 아담까지 거슬러 올라갑니다(창 10장).* 그리고 하나님은 모든 민족에게 복을 주시기 위해, 달을 숭배하던 아브람을 불러 이렇게 말씀하십니다. "너는 너의 고향과 친척과 아버지의 집을 떠나 내가 네게 보여 줄 땅으로 가라 내가 너로 큰 민족을 이루고 네게 복을 주어…땅의 모든 족속이 너로 말미암아 복을 얻을 것이라"(창 12:1-3). 여기에서 "모든"이라는 말에 주목하기 바랍니다.

아브람(창세기 17장 4-5절에서 '여러 민족의 아버지'라는 뜻을 가진 '아브라함'으로 이름이 바뀝니다)으로부터 하나님이 택하신 민족, 이스라엘이 나왔습니다. 하나님과 특별한 관계를 맺은 이 민족은 그들의 조상 아담으로부터 창조주 하나님에게서 분리된 나머지 세계의 민족에게 복을 가져다주는 일을 해야 했습니다.

하나님은 모든 민족을 위해 2천 년 동안 이스라엘이라는 한 민

---

*사도행전 17장 26절은 하나님이 "인류의 모든 족속을 한 혈통으로 만드셨다"고 확증한다.

족 안에서 역사하셨습니다. 하나님은 이스라엘 민족을 번성시키셨고, 노예생활에서 해방시키셨으며, 광야에서 인도하셨고, 그들의 대적을 물리쳐 주셨습니다. 그들이 약속의 땅에 정착하게 하셨고, 다윗 왕과 그 아들 솔로몬의 왕권 아래에서 최고의 평화와 번영을 누리게 하셨습니다. 솔로몬 시대에 성전이 완성되자, 이스라엘이 번영하고 민족들이 이스라엘에 복종함으로써 하나님의 축복이 민족들에 임하는 것처럼 보였습니다.

와서 보라

이스라엘 민족은 "바닷가의 모래같이" 많아졌습니다(왕상 4:20). 솔로몬은 "그 강에서부터 블레셋 사람의 땅에 이르기까지와 애굽 지경에 미치기까지의 모든 나라를" 다스렸고(왕상 4:21), "그 강 건너편의 왕을 모두" 다스렸습니다(왕상 4:24). 이것은 아브람의 자손을 하늘의 별과 같이 많게 하고(창 15:5) 그의 자손을 통해 모든 민족이 복을 받게 하겠다고(창 12:3) 하신 하나님의 약속이 성취된 것일까요? 하나님은 이스라엘의 번영을 통해 "세상 만민에게 여호와께서만 하나님이심을 알게"(왕상 8:60) 하신 것일까요?

하지만 아담으로부터 시작된 죄 문제가 아직 남아 있었고, 이스라엘도 다른 민족들과 마찬가지로 죄 때문에 고통 받았습니다. 다른 민족들에게 용서, 새 마음, 하나님의 진노가 사라짐, 하나님께로 회복되는 축복이 필요했듯이, 이스라엘도 마찬가지였습니다. 그리고 열왕기상 11장부터 열왕기하 25장까지 보면, 이스라엘이 죄 때문에 5백 년도 안 되어 파멸하는 것을 볼 수 있습니다. 이스라엘은 솔로몬의 통치 아래에서 정점을 찍은 후에 계속 추락하고 맙니다. 결국 예루살렘이 파괴되고 바벨론에 포로로 끌려가게 됩니다.

하지만 예언자들은 강도 높은 비난을 쏟아 내면서도, 포로의 시기가 끝나고 하나님께로 돌아올 남은 자들에게 놀라운 소망을 약속했습니다. 그리고 그 소망은 단순히 이스라엘 옛 시절로의 회복이 아니었습니다. 이사야 선지자는 이렇게 말했습니다. "네가 나의 종이 되어 야곱의 지파들을 일으키며 이스라엘 중에 보전된 자를 돌아오게 할 것은 매우 쉬운 일이라 내가 또 너를 이방의 빛으로 삼아 나의 구원을 베풀어서 땅 끝까지 이르게 하리라"(사 49:6).

하나님이 생각하시는 민족들의 축복은 "와서 이스라엘을 보고 그들의 상에서 떨어진 부스러기를 먹는 것" 이상이었습니다. 우리는 지상명령에서 예수님이 제자들에게―그리고 그들을 통해 세상을 향해―주시는 놀라운 계시를 발견하게 됩니다. 세상을 축복하기 위한 선교의 계시인데, 하나님이 처음부터 예비하셨던 것입니다. 즉 하나님의 사람들이 예수님을 알고, 그분을 기뻐하며, 모든 민족에게 가서 그분을 전하는 것입니다.

예수님은 십자가에 달릴 준비를 하시면서 우리에게 이렇게 약속하신 것입니다. "하나님 나라에 대한 이 복음은 모든 민족에게 주는 증언으로써 온 세상에 선포될 것이다." 그리고 예수님은 제자들에게 "모든 민족을 제자로 삼으라"고 요구하시며, "오직 성령이 너희에게 임하시면 너희가 권능을 받고 예루살렘과 온 유대와 사마리아와 땅 끝까지 이르러 내 증인이 되리라"는(행 1:8) 약속을 주셨습니다.

가서 제자로 삼으라
예수님은 세계 역사의 새 시대를 여셨습니다. 이제 하나님은 더 이상 '와서 보라'(come-and-see)는 식으로 이스라엘에게 집중하여 구원을 베푸시지 않습니다("하나님이 지나간 세대에는 모든 민족으로 자기들의 길들을 가게 방임하셨으나", 행 14:16). 지금은 하나님 아들의 복음이 완전히 완성되었습니다. 그래서 하나님은 그 범위를 모든 민족에게로 넓히셨고 '가서 말하라'(go-and-tell) 혹은 더 낫게 말하면 '가서 제자로 삼으라'(go-and-disciple)고 표현되는 성령의 능력을 덧입는 시대를 시작하셨습니다.

그리고 사도 바울은 자기 사역의 핵심이 "그[예수]의 이름을 위하여 모든 이방인 중에서 믿어 순종하게" 하는 것이고(롬 1:5), 복음은 이제 "모든 민족이…알게 하신 바"라고 말합니다(롬 16:26). 세상을 향한 하나님의 목적은 부활하시고 다스리시는 하나님이시면서 동시에 인간이신 그분의 권위로 모든 민족, 곧 각 족속과 방언과 백성과 나라 가운데서 하나님의 아들이 예배 받으시는 것입니다.

예수님이 사도 요한에게 세상의 종말을 살짝 보게 하셨을 때, 요한은 새 노래를 듣게 됩니다. "두루마리를 가지시고 그 인봉을 떼기에 합당하시도다 일찍이 죽임을 당하사 각 족속과 방언과 백성과 나라 가운데에서 사람들을 피로 사서 하나님께 드리시고"(계 5:9). 그리고 7장에서 요한은 또 환상을 봅니다. "각 나라와 족속과 백성과 방언에서 아무도 능히 셀 수 없는 큰 무리가 나와 흰 옷을 입고 손에 종려 가지를 들고 보좌 앞과 어린양 앞에 서서 큰 소리로 외쳐 이르되 구원하심이 보좌에 앉으신 우리 하나님과 어린양에게 있도다 하니"(계 7:9-10).

후기 기독교 서구사회와 남반구(Global south)

바울은 모든 민족을 제자로 삼으려는 시도로 빌립보에 복음을 전했습니다(행 16장). 그로부터 16세기가 지나면서 기독교는 특히 서구(유럽과 북미)에 뿌리를 내렸습니다. 16세기에 일어난 종교개혁은 여러 방면에서 그 뿌리를 더욱 공고히 했습니다. 하지만 17세기에 일어난 끔찍한 종교 전쟁으로 인해 18세기에는 "계몽주의"가 생겨나게 되었고 그와 더불어 모더니즘과 세속주의가 생겨나게 되었습니다.

한때 세계 기독교의 요새였던 서구사회는 이제 점점 (그리고 빠른 속도로) 후기 기독교 사회가 되어 가고 있습니다. 여전히 의미심장한 축복들이 남아 있고 앞으로 더 발전하리라는 소망도 있지만, 대체로 서구사회의 중심에 우뚝 섰던 교회가 이제는 변두리로 밀려나 버렸습니다(하나님의 경제법칙으로 볼 때는 오히려 서구 교회에 좋은 일일지도 모릅니다).

하지만 서구에서 기독교가 서서히 몰락하고 있다고 해서 복음이 전 세계에서 힘을 상실하고 있는 것은 아닙니다. 예수님은 앞으로도 교회를 세우실 것입니다. 지난 50년간 아프리카, 라틴아메리카, 아시아—많은 사람이 이 지역을 "남반구"라고 부릅니다—에서 기독교가 놀라울 정도로 성장했습니다. 그리스도인이라 공언하는 사람들의 숫자만 기록한 것이라서 그 수치는 정확하지 않을 수 있습니다. 하지만 놀라운 증가 속도만 보아도 일반적인 추세를 알 수 있습니다.

- 1900년대에 유럽은 세계 기독교 인구의 70퍼센트를 넘게 차지했습니다. 하지만 2000년대에는 채 30퍼센트도 되지 않았습니다. 그러는 동안, 라틴아메리카와 아프리카의 기독교 인구가 40퍼센트를 넘게 차지했습니다.
- 1900년대에 아프리카의 기독교 인구는 천만 명이었습니다. 세계 기독교 인구의 약 10퍼센트에 해당되는 숫자입니다. 하지만 2000년대에는 그 숫자가 3억 6천만 명으로 늘어났는데, 이는 아프리카

인구의 절반에 해당합니다. 이 숫자는 세계 역사상 최대 규모로 한 종교의 인구가 증가한 것입니다.*
- "중국에서 기독교 신앙을 실천하는 사람의 숫자는 미국 내 기독교인의 숫자에 근접하고 있다."*
- "지난 주…중국 내 교회에 출석한 기독교 신자의 숫자가 소위 '유럽 기독교'라 불리는 전체 유럽 교회 출석 인구보다 더 많았다."*
- "한마디로, 기독교 교회는 지난 50년간 교회 역사의 초창기를 제외하고 역사상 그 어느 시대보다 더 큰 지리적 변동을 경험했다."*

남반구와 함께

이런 놀라운 흐름으로 인해 "서구가 선교사를 파송하는 일은 이제 끝난 것인가?"라는 질문이 생겨났습니다. 이제는 지상명령을 끝낼 책임이 남반구에 있는 것일까요? 그 대답은 분명합니다. "그렇지 않습니다." 우선, 복음을 전파하는 데 서구와 남반구가 동역할 때 능력이 발휘된다는 사실을 잊어서는 안 됩니다. 하지만 이러한 동역 관계가 단순히 서구는 돈을 보내는 식이 아님을 알아야 합니다. 서구에서도 사람을 보냅니다. 가는 것은 제자로

---

* Philip Jenkins, "Believing in the Global South" in *First Things*, December, 2006, No. 168. p.13.
* Mark Noll, *The New Shape of World Christianity*, p.10.
* 같은 책.
* 같은 책.

삼는 일에 필수요건입니다.

세계 미전도 종족에게 복음이 전해지는 수치를 조사하는 기관인 여호수아 프로젝트(www.JoshuaProject.net)에 따르면, 세계 16,300개의 인종언어학적 종족 그룹 중에서 아직 복음을 듣지 못한 그룹이 6,550개 있다고 합니다. 여호수아 프로젝트는 이 미전도 종족 중에서 1,540개 그룹을 비접촉 그룹으로 분류하는데, 이것은 현재 이들 중에 활동하는 선교사가 없다는 의미입니다. 아직도 이렇게 할 일이 많다는 점을 생각할 때, 복음을 전하는 일에 전 세계 교회가—서구, 라틴아메리카, 아시아, 아프리카, 동유럽, 러시아, 중동, 그 밖에 더 많은 교회가—동역해야만 합니다. 모두가 한 마음으로 예수님에 대한 메시지를 듣고 복음에 가장 적대적인 이 세상 마지막 선교지로 가야 합니다.

하지만 이렇게 달라진 세계 상황은 사람(선교사)과 자원(내용)을 보내는 일에 서로 협력할 새로운 방식들을 약속할 뿐 아니라 서구에 새로운 가능성과 문제를 일으키기도 합니다.

선교적이 되는 것이 주는 약속과 잠재적인 위험

지난 10년간 선교와 관련된 새로운 용어가 국내사역을 하는 복음 전도자들 사이에서 사용되기 시작했습니다. 그것은 바로 '선교적'(missional)이라는 단어입니다. 이 용어를 사용하는 대부분의 사람들이 서구는 빠른 속도로 후기 기독교 사회가 되어 가고 있으며, 이런 변화로 인해 국내사역이 새롭게 정의되어야 한다는 필요를 느끼고 있습니다. 유럽과 북미는 점점 선교지처럼 되어 갑니다. 하지만 기독교가 전파되기 이전의 선교지가 아니라 후기 기독교 사회가 되어 버린 선교지입니다. '복음 전도'(evangelism)라는 용어가 기독교가 우세하던 시대(일반적인 성경적 세계관이 사회에 널리 퍼져 있어서 골목마다 다니며 전도를 하거나 대형 경기장 집회를 통해 많은 회심자를 얻던 시대)의 현실을 보여 준다고 할 때, '선교적'이라는 용어가 출현했다는 것은 우리 사회가 중요한 의미에서 변하고 있음을 보여 주는 것입니다. 선교와 비슷한 새로운 활동이 요구된다는 의미입니다. 이러한 새로운 사고는 긍정적인 발전이지만 그와 더불어 잠재적인 위험도 수반합니다.

잠재적인 위험은, "선교적이다", "모든 그리스도인은 선교사다"라고 말하면서, 미전도 종족을 최우선순위로 하여 모든 민족을 제자로 삼으려는 노력을 등한시할 수 있다는 점입니다. 우리는 성경이 미전도 종족 선교에 대해 분명히 따로 언급함을 인정해야 합니다. 성경의 주제는 하나님이 가능한 많은 사람을 복음화할 뿐 아니라 모든 민족을 복음화한다는 것입니다. 하나님의 의도는 모든 민족이 그분의 아들을 예배하는 것입니다. 선교적이 되어야 한다는 압력은 하나님의 마음에 있는 매우 중요한 무언가를 담고 있긴 하지만, 동시에 하나님의 마음에 있는 또 다른 중요한 무언가를 잃게 만들 위험이 있습니다. 그것은 바로 우리와 같은 언어, 문화를 공유하는 사람들뿐 아니라 '모든 민족'을 향한 하나님의 마음입니다.

미전도 종족의 우선순위

우리에게는 두 가지 다 필요합니다. 교회는 자국민을 상대로 선교해야 할 뿐 아니라 동시에 세계의 미전도 종족에게도 선교해야 합니다. 요약해서 말하면, 미전도 종족을 우선순위에 두지 않고는 진정으로 선교적이 될 수 없다는 것입니다. 한 교회가 얼마나 많이 선교적이 되느냐는 중요하지 않습니다. 한 교회가 복음을 받은 자국민이 있는 국내에서 선교(전통적으로 '복음 전도'라고 불린다) 할 뿐 아니라 복음을 듣지 못한 사람들에게 파송된 선교사들을 돕는 보내는 선교사가 되지 않는다면, 성경적인 의미에서 완전히 선교적이라고 할 수 없습니다.

서구가 점점 후기 기독교 사회가 되어 가면서, 변방에 복음이 얼마나 절실한지를 알아차리게 되었습니다. 선교는 변방으로의 소집입니다. 그리고 지금의 변방은 「밀림 속의 십자가」(Bruchko), 「화해의 아이」(Peace Child), 「영광의 문」(Through Gates of Splendor) 같은 이전 세대 선교 이야기에 등장하던 밀림 속에 사는 낭만적인 "야만인"들과는 거리가 멉니다. 오늘날의 "변방"은 복음에 가장 적대적인 사람들이 있는 본거지입니다. 정글과 야만인들의 복장을 떠올리지 마십시오. 세계 도시 중심지에 있는 복잡하고 시끄러운 곳을 떠올리십시오. 하나님은 지상명령을 완수하기 위해 복음을 듣지 못한 사람들을 밀림 속에서 빼내어 도시 한가운데로 데려오셨습니다.

고난과 순교가 있을 것이다

고난이 있을 것이라는 의미입니다. 6,650개의 미전도 종족 (그리고 1,540개의 비접촉 미전도 종족) 가운데 많은 종족이 한 가지 이유 때문에 복음을 듣지 못하고 있습니다. 심지어 아예 접촉조차 못하고 있습니다. 그들은 복음에 너무나 적대적입니다. 하지만 장차 다가올 고난과 순교가 우리의 전능하신 구원자를 방해하지는 못할 것입니다. 고난과 순교는 반드시 올 것입니다.*

고난은 지상명령을 완수하는 데 따르는 결과일 뿐 아니라 하나님이 사용하시는 도구이기도 합니다. 하나님은 고난을 통해 그분의 아들이 모든 민족에게 가장 소중한 존재임을 보여 주실 것입니다. "그들의 구원의 창시자를 고난을 통하여 온전하게 하심이 합당"한 것처럼(히 2:10), 하나님은 우리를 구원하기 위해 예수님이 당하신 고난을 선교사들이 현세에서 당하게 하심으로 모든 민족 가운데 한 민족을 영원한 고난에서 구원하십니다.

이런 이유로 바울은 고난 중에서도 기뻐할 수 있었습니다. 바

---

* 이전 19세기를 모두 합한 것보다 20세기에 더 많은 기독교 순교자가 나왔다는 것은 일반적으로 받아들여지는 사실이다.

울은 자신이 고난당함으로써 "그리스도의 남은 고난"을(골 1:24) 자기 육체에 채움을 알았습니다. 예수님의 남은 고난은 구속을 이루기 위해 필요한 고난이 아니라, 그분이 죽음으로써 구원하고자 했던 사람들에게 그 구속을 개별적으로 적용하기 위해 필요한 고난입니다. 그리고 "보냄 받은 자들"은 선교하면서 고난과 순교를 당함으로 예수님이 가장 존귀함을 보여 주고, 예수님의 고난을 자신들이 짊어짐으로써 그리스도의 남은 고난을 채웁니다.

그렇습니다. 지상명령으로의 부르심은 순교로의 부르심이지만 가미가제 자살특공대나 식민지적 무감각으로의 부름이 아닙니다. 예수님의 세계적인 명성에 사로잡히고 그분 안에서 깊이 만족하여 사도 바울처럼 "죽는 것도 유익"하다고(빌 1:21) 말할 수 있는 통찰력 있는 선교사로의 부르심입니다.

예수님이 우리와 함께하실 것이다(20절)

삶의 우선순위가 완전히 뒤바뀌어 선교를 위해 물질로 헌신하고 목숨을 바치면서까지 선교에 뛰어들게 만드는 힘은 바로 우리가 전하는 그분을 기뻐하는 것입니다. 선교하는 힘의 원천은 예수님의 전 세계적 권위이고, 선교의 기반은 예수님이 마치신 사역이고, 선교의 롤모델은 예수님의 사역입니다. 또한 선교는 우리와 함께하시겠다는 예수님의 약속과 그분으로 인해 우리가 누리는 기쁨으로 유지됩니다. 예수님은 "볼지어다"라고 말씀하시며 우리의 주의를 환기시키고 아주 중요한 말씀을 하십니다. "볼지어다 내가 세상 끝날까지 너희와 항상 함께 있으리라."

예수님은 여러분과 함께하실 것입니다. "문이 굳게 닫힌" 나라의 국경에서 어려운 언어를 배우고 새로운 문화에서 방향을 잃고 있을 때도 여러분과 함께하실 것입니다. 귀를 기울이는 청중에게 복음을 전할 때, 박해를 받거나 감옥에 갇힐 때도 여러분과 함께하실 것입니다. 그리고 믿음을 버리거나 죽음을 선택하라는 압력을 받을 때도 여러분과 함께하실 것입니다. 예수님은 자기 백성들과 함께하시고, 그들이 마르틴 루터(Martin Luther)처럼 진심으로 이렇게 고백할 수 있는 은혜를 주십니다.

> 친척과 재물과 명예와 생명을
> 다 빼앗긴대도 진리는 살아서
> 그 나라 영원하리라.

선교는 예수님을 예배하며 모든 백성이 기뻐하는 것입니다. 그리고 예수님이 분명 온 땅의 구주이시므로 지상명령은 완수되어야 합니다. 예수님은 그분의 교회를 세우실 것입니다. 모든 민족 가운데서 예배를 받으실 것입니다. 그리고 모든 민족 가운데 구원 받은 자들이 그분 안에 거하며 영원히 "영광스러운 즐거움으로 기뻐"할 것입니다(벧전 1:8). 예수님께 영광을 돌립니다. 아멘.

1부

복음 중심적 선교에 대한 성경신학

3
그분의 영광에 대한 이야기

인간은 본성상, 하나님이 여러 가지 사실을 토대로 내리시는 결론과 같은 결론을 도출하지 않습니다. 또한 하나님이 여러 가지 사실들로부터 도출한 결론에 대해 느끼는 것과 같은 방식으로 느끼지도 않습니다. 제 말은, 인간은 본성상 많은 것에 대해 나쁘게 생각하는 마음과 태도, 경향을 가졌다는 의미입니다. "본질상 진노의 자녀이었더니"(엡 2:3) 같은 구절을 보면 알 수 있습니다.

본질상 우리 인간에게는 문제가 있습니다. 인간은 그저 나쁜 행동을 하는 것이 아닙니다. 나쁜 본성을 갖고 있습니다. 인간은 2 더하기 2는 4라고 말할 수 있는 능력이 있지만, 그 능력으로 끔찍한 짓을 저지르기도 합니다. 이를 뒷받침하는 또 다른 성경 본문은 고린도전서 2장 14절입니다. "육에 속한 사람은 하나님의 성령의 일들을 받지 아니하나니 이는 그것들이 그에게는 어리석게 보임이요."

하나님이 무언가 낯선 말씀을 하시면, 우리는 그 말씀을 좋아하지 않습니다. 우리는 본성상 진실된 많은 것들을 어리석다고 여깁니다. 따라서 인간에게는 무언가 문제가 있습니다. 하나님이 내리신 결론이 우리 눈에 이상해 보이면, 우리는 끼어들어 하나님의 의견에 반박하며 의문을 제기합니다.

나이가 들수록 제 자신이나 다른 그리스도인들에게서 이런 모습을 더 많이 보게 됩니다. 우리는 이런 식으로 성경을 읽고 이런 식으로 하나님의 섭리에 반응하곤 합니다. 선교 문제에서도 이런 경우가 하나 있는데, 지금 그 문제를 다루려고 합니다. 선교에서 열방을 향한 마음—가깝든 멀든, 개인이든 종족이든, 복음을 듣지 못한 사람들을 향한 마음—, 즉 열방을 향해 마땅히 가져야 할 강하고 깊고 지속적이고 하나님 중심적이고 그리스도를 높이는 마음을 갖기 위해서는, 열방을 향한 하나님의 마음이 근거하는 것에 우리의 마음을 두어야 합니다.

하나님의 생각과 같은 우리의 생각

지금까지는 우리의 생각이 하나님의 생각과 다르지 않을 거라고 생각합니다. "이는 내 생각이 너희의 생각과 다르며 내 길은 너희의 길과 다름이니라"는(사 55:8) 성경구절을 잘 아실 것입니다. 하나님이 이렇게 말씀하신 이유는, 육신의 생각은 하나님과 반목하고 있고, 우리는 하나님이 생각하시지 않는 온갖 것을 생각하기 때문입니다. '지구는 네모난 것이 아니라 둥글다'와 같이 믿지 않는 사람들도 다 하는 생각을 하나님과 우리가 할 수 없다는 의미가 아닙니다. 하나님이 결론을 내리시는 많은 사실들이 있지만 우리는 그 사실로부터 동일한 결론을 내리지 않는다는 의미입니다. 그리고 그 결론에 대한 감정도 하나님과 우리가 다르다는 의미입니다. 하지만 지금까지 살펴본 내용에 대해서는 하나님의 생각과 우리의 생각이 같을 것입니다. 지금까지 우리는 열방을 향해 마땅히 가져야 할 마음, 즉 오래토록 변치 않고 강하고 깊고 그리스도를 높이고 하나님 중심적인 마음을 갖기 위해서는 열방을 향한 하나님의 마음이 근거하는 것에 우리의 마음을 두어야 한다고 말했습니다. 지금까지는 우리도 하나님과 같은 생각을 하고 있습니다.

자기 이름과 영광을 구하는 하나님의 열정

하지만 우리가 열방을 향한 하나님의 마음이 어디에 근거하는가를 볼 때, 많은 의문이 제기됩니다. 열방을 향한 하나님의 마음이 근거하는 것이 바로 자기 이름과 영광을 구하는 열정이기 때문입니다. 저는 전 세계를 다니며 이 말씀을 전해 왔습니다. 지난 30여 년간 이 말씀을 선포하면서 사람들의 반응을 지켜보고 그들의 질문에 대응하면서 알게 된 사실이 있습니다. 이러한 생각이—즉 하나님은 자기 이름을 가장 소중히 여기시고, 바로 그 근거 위에서 민족들을 구원하시고자 하고, 바로 그 기준으로 그들을 심판하신다는 생각이—믿지 않는 사람들은 말할 것도 없고, 많은 믿는 사람들에게도 낯선 개념이라는 사실이었습니다.

우리에게 매우 낯선 개념이라서, 하나님이 자신을 향한 마음 위에 열방을 향한 마음을 두셨다는 것을 제 나름대로 논증해 보려고 합니다. 제가 논증하면서 성경구절을 함께 제시하려고 합니다. 제가 생각하는 것이 성경 진리에 맞지 않는다면 그것이 무엇이든 아무 소용없기 때문입니다. 여러분은 제가 하는 말이 성경의 가르침에 맞는지만 신경 쓰시면 됩니다. 그것이 가장 중요합니다. 목사로서의 권위도 중요하지 않습니다. 제가 여러분보다 연장자라는 사실도 중요하지 않습니다. 제가 신학을 얼마만큼 공부했는지도 중요하지 않습니다. 중요한 것은 이것입니다. "이 사람이 성경을 벗어나지 않고 성경의 가르침 안에 있는가? 보통 사람들이 '맞네요. 성경에 그렇게 써 있는 걸 보니 그 말이 확실하네요'라고 말할 수 있도록 이 사람이 자신이 발견한 바를 쉽게 풀어서 말하고 있는가?"

하나님을 향한 하나님의 마음

열방을 향한 하나님의 마음은 하나님을 향한 하나님의 마음에 근거합니다. 민족들에게 아들의 영광이 전해지고 죄인들이 구원 받기를 바라시는 하나님의 열정은, 그리스도를 예배함으로써 하나님의 이름이 높아지기를 원하시는 하나님의 열정에 근거합니다. 이것이 바로 중심 논지입니다. 그리고 이 논지를 증명하는 방법으로는, 하나님이 자기 영광을 찬양하기 위해 모든 것을 행하신다는 것을 보여 주는 성경구절들을 살펴보는 것이 가장 적당할 것 같습니다.

하나님의 궁극적인 목적

제 전제는 이렇습니다. "창조와 구원에서 하나님의 궁극적인 목적은 모든 족속과 방언과 민족과 나라에서 구원 받은 백성들이 기뻐할 수 있도록 그분의 영광을 높이 들어 보여 주는 것이다." 이것이 중요합니다. 이것이 하나님의 궁극적인 목적이고, 그 결과로 하나님의 구원 받은 백성들이 기쁨을 누리게 됩니다. 그리고 하나님의 계획 안에서 구원 받은 백성들은 자연히 모든 백성과 민족과 방언과 나라가 됩니다. 모든 백성과 민족과 방언과 나라는 다양성을 의미합니다. 여기서 핵심은 문화적·민족적·인종적 다양성입니다. 이것이 의미하는 바를 여러분에게 선명하게 드러내 보일 수 있다면 좋겠습니다! 하나님은 아무런 이유 없이 우리를 문화적·민족적·인종적으로 다르게 만들지 않으셨습니다. 그저 우연히 그렇게 된 것이 아닙니다. 바벨탑 사건 이후에 내려진 형벌이 아닙니다. 단순한 하나의 합창곡보다는 다양한 노래로 찬송하는 소리가 구원자에게 더 영광이 되기 때문입니다. 모든 사람이 같은 문화권에 살고, 같은 인종이며, 같은 민족이고, 하나의 노래를 부른다면, 크고 영광스러운 소리는 될 것입니다. 하지만 엄청난 다양성을 가지고 구원자를 노래하는 것과는 사뭇 다를 것입니다. 하지만 이 문제는 다음 기회에 다루겠습니다.

하나님의 주된, 궁극적인 목적은 자기 영광을 들어 보여 주는 것입니다. 언뜻 보면, 그것은 많은 사람에게 거슬리는 행위로 보일 수 있습니다. 매우 자기중심적이고 자신을 예찬하는 말로 들려 많은 사람이 기분 나빠 할 수 있습니다. 하나님의 자기 예찬, 즉 자기 영광을 찬양하려는 추구가 왜 악의적이지 않고 도덕적이며, 애정이 없는 것이 아니라 애정 어린 행위인지를 푸는 열쇠는 바로 즐거움(enjoyment)이라는 단어입니다. 하나님은 자기 백성의 즐거움을 위해 그렇게 하십니다. 여러분은 하나님과 그분의 영광으로 인해 가장 만족하도록 지음 받은 존재입니다. 그런데 하나님이 자기 영광을 지키며 높이지 않으셨다면, 여러분은 자신을 가장 만족하게 하는 것을 받지 못했을 것입니다. 자기 예찬이 최고의 미덕이요, 최고의 사랑의 행위가 되는 분은 우주에서 오직 하나님 한 분이십니다. 여러분이 하나님 앞에 설 때, 세상의 생각이 아니라 하나님의 생각을 한다면, 하나님이 "자, 내 앞에 서서 나의 영광을 보라!"고 말씀하시길 바랄 것입니다. 그러면 여러분은 하나님의 넘치는 은혜와 공의 안에서 영원히 즐거워하며 그 안으로 더 깊이 들어가게 될 것입니다.

하나님은 영광의 면류관이시다

이사야서 28장 5절을 보십시오. "그날에 만군의 여호와께서 자기 백성의 남은 자에게 영화로운 면류관이 되시며 아름다운 화관이 되실 것이라." 하나님이 영화로운 면류관이 되신다는 것이 무슨 뜻일까요? 누구의 머리에 그 면류관이 놓이게 될까요? 그분은 면류관이십니다. 머리가 아닙니다. 그 면류관이 여러분의 머리에 놓이게 될 것입니다. 정말 가슴이 벅차지 않으십니까? 그분은 영화로운 면류관이요, 아름다운 왕관이 되실 것입니다. 다른 말로 하면, 그분은 영광과 아름다움을 추구하는 모든 갈망을 만족시켜 주실 것입니다. 여러분이 늘 추구하던 온갖 좋은 것이 그분 안에서 만족될 것입니다.

따라서 그분이 자신을 높이고 "세상이여, 내가 여기 있다! 흠모하라!"고 말하는 것은 사랑의 행위입니다. 여러분이 그런 식으로 행동한다면, 그것은 애정 없는 행동일 것입니다. 여러분은 모든 것을 만족시키는 존재가 아니기 때문입니다. 그러나 하나님은 그러실 수 있습니다. 여러분은 그저 그분을 가리키며 온 세상을 다니기만 하면 됩니다. "세상이여, 보라!"고 말하십시오. 특히 그리스도를 보십시오. 그리스도께서 돌아가셨을 때 하나님 은혜의 영광이 찬송 받았기 때문입니다. 그리스도는 하나님의 모든 영광의 절정입니다. 이것이 그리스도께서 모든 것의 중심이 되는 이유입니다.

그의 은혜의 영광과 찬송

지금부터 살펴보려는 말씀들은 신학적인 이유로 선택한 것이 아닙니다. 저는 예정 교리를 참으로 좋아합니다. 제가 이 말씀을 선택한 것은, 이 예정은 연대기적으로 우주에서 처음, 아니 우주가 생기기 전에 처음 실재하던 것이기 때문입니다. 에베소서 1장을 보겠습니다.

> 찬송하리로다 하나님 곧 우리 주 예수 그리스도의 아버지께서 그리스도 안에서 하늘에 속한 모든 신령한 복을 우리에게 주시되 곧 창세전에 그리스도 안에서 우리를 택하사 우리로 사랑 안에서 그 앞에 거룩하고 흠이 없게 하시려고 그 기쁘신 뜻대로 우리를 예정하사 예수 그리스도로 말미암아 자기의 아들들이 되게 하셨으니 이는 그가 사랑하시는 자 안에서 우리에게 거저 주시는 바 그의 은혜의 영광을 찬송하게 하려는 것이라(엡 1:3-6).

제가 다른 말로 바꾸어 표현해 보겠습니다. "세상의 기초가 세워지기 전, 하나님은 찬양 받으시고자 마음을 정하셨습니다. 그것이 궁극적인 것이기 때문입니다. 하나님이 택하시고, 예정하시고, 아들 삼으신 것은 모두 수단입니다. 이 점에서 예수님은 하나의 수단이셨습니다. 그리고 목적, 목표는 우리가 '그의 은혜의 영광을 찬송하는 것'입니다. 그의 은혜의 영광을 찬송하는 것이 예수님 안에서 가장 극대화되었습니다. 이것은 창세전에 계획되었습니다.

따라서 제 첫 논지는 이렇습니다. "태초부터, 하나님 안에서, 우리가 존재하기 전에, 하나님의 계획은 그의 은혜의 영광이 찬송 받는 것이었다."

형상은 드러내기 위해 창조되었다

연대기적으로 다음은 창조입니다. 창세기 1장 26-27절입니다.

> 하나님이 이르시되 우리의 형상을 따라 우리의 모양대로 우리가 사람을 만들고 그들로 바다의 물고기와 하늘의 새와 가축과 온 땅과 땅에 기는 모든 것을 다스리게 하자 하시고 하나님이 자기 형상 곧 하나님의 형상대로 사람을 창조하시되 남자와 여자를 창조하시고.

하나님의 형상대로 창조되었다는 것은 무엇을 의미할까요? 수많은 책이 소위 '하나님의 형상'(imago dei)이라는 주제로 쓰였습니다. 이것은 매우 큰 주제입니다. 하나님의 형상이라는 것은 우리의 이성을 말하는 것일까요? 아니면, 감정을 말하는 것일까요? 혹은 도덕적 책임을 가졌다는 의미일까요? 우리는 어떻게 하나님을 닮았을까요? 여기서 논쟁의 여지를 전부 다룰 수는 없고, 아주 간단한 문제 하나만 다루겠습니다. 즉 "형상은 드러내기 위해 창조되었다"는 것입니다. 맞습니까? 어떤 것의 이미지를 설정하는 이유가 무엇입니까? 그것을 나타내기 위해서입니다! 스탈린의 동상을 세우는 것은, 사람들이 그 동상을 보고 스탈린을 생각하도록 하기 위해서입니다. 조지 워싱턴의 동상을 세우는 것은, 그 동상을 보고 미합중국 헌법 제정자들을 생각하도록 하기 위해서입니다. 형상은 드러내기 위해 창조된 것입니다. 그래서 하나님이 우리를 다른 동물들과 다르게 그분의 형상을 따라 만드셨다면, 그 세세한 의미가 무엇이든 간에 이것만은 분명합니다. 즉 하나님은 실재이시고, 우리는 그 형상이라는 사실입니다. 형상은 실재를 드러내기 위해 만드는 것입니다.

하나님은 인간을 왜 만드셨을까요? 하나님을 보여 주시기 위해서입니다! 하나님은 작은 형상들을 창조하셔서, 그들이 말하고 행동하고 느끼는 것을 통해 하나님의 존재 방식을 드러내고자 하십니다. 따라서 여러분이 생각하고 행동하고 느끼는 방식을 보면서, 사람들은 "하나님은 위대하신 분이 틀림없다. 하나님은 실재하시는 게 분명해"라고 말하게 됩니다. 그것이 바로 여러분이 존재하는 이유입니다. 하나님은 여러분 스스로가 목적이 되도록 창조하지 않으셨습니다. 하나님이 목적이시고, 여러분은 수단입니다. 그리고 그것이 정말 기쁜 소식이 되는 이유는, 하나님이 무한히 가치 있는 분임을 드러내는 가장 좋은 방법이 그분 안에서 가장 행복해하는 것이기 때문입니다. 하나님의 백성이 그분을 지루해 한다면, 그들은 정말로 안 좋은 형상들입니다. 하나님은 자신을 불만스러워하지 않으십니다. 하나님은 자기 영광을 무한히 기뻐하십니다.

그래서 하나님의 아들이 이런 말을 들었던 것입니다. "너는 내 사랑하는 아들이라 내가 너를 기뻐하노라"(눅 3:22). "기뻐하노라"(well pleased)는 말을 생각해 봅시다. 하나님은 예수님과 아무런 문제가 없다고 말씀하신 것이 아닙니다. 하나님은 예수님과 그저 그런 정도의 관계가 아닙니다! 하나님은 예수님을 자기 형상으로서 지극히 기뻐하십니다. 그래서 우리가 세상을 다니면서 TV를 더 좋아하고, 컴퓨터를 더 좋아하고, 돈을 더 좋아하고, 음식을 더 좋아하는 모습을 보여 주면, 세상 사람들은 그것들이 우리에게 하나님보다 더 값진 것이고, 하나님보다 우리를 더 만족시키는 것이라고 생각하게 됩니다. 그러면 하나님은 점점 더 잘못 알려지게 되고 우리는 원래 창조된 목적을 이루지 못하게 됩니다. 우리는 하나님을 드러내도록 창조되었습니다. 즉 하나님은 자기 영광을 예정하셨고 그 영광을 드러내기 위해 우리를 창조하셨습니다.

하나님은 자기 이름을 위해 일하신다
연대 순서상, 다음은 출애굽으로 넘어갑니다. 에스겔서 20장 5-9절을 함께 보겠습니다.

이르라 주 여호와께서 이같이 말씀하셨느니라 옛날에 내가 이스라엘을 택하고 야곱 집의 후예를 향하여 내 손을 들어 맹세하고 애굽 땅에서 그들에게 나타나 맹세하여 이르기를 나는 여호와 너희 하나님이라 하였노라 그날에 내가 내 손을 들어 그들에게 맹세하기를 애굽 땅에서 인도하여 내어 그들을 위하여 찾아 두었던 땅 곧 젖과 꿀이 흐르는 땅이요 모든 땅 중의 아름다운 곳에 이르게 하리라 하고 또 그들에게 이르기를 너희는 눈을 끄는 바 가증한 것을 각기 버리고 애굽의 우상들로 말미암아 스스로 더럽히지 말라 나는 여호와 너희 하나님이니라 하였으나 그들이 내게 반역하여 내 말을 즐겨 듣지 아니하고 그들의 눈을 끄는 바 가증한 것을 각기 버리지 아니하며 애굽의 우상들을 떠나지 아니하므로 내가 말하기를 내가 애굽 땅에서 그들에게 나의 분노를 쏟으며 그들에게 진노를 이루리라 하였노라 그러나 내가 그들이 거주하는 이방인의 눈앞에서 그들에게 나타나 그들을 애굽 땅에서 인도하여 내었나니 이는 내 이름을 위함이라 내 이름을 그 이방인의 눈앞에서 더럽히지 아니하려고 행하였음이라.

바로 여기에서 우리는 나중에 그리스도의 십자가에서 절정을 이룰 일의 시작을 보게 됩니다. 하나님이 반역하는 백성을 구원하신 근거가 바로 자기 이름을 위해서라는 사실을 보게 됩니다. 만일 하나님이 자기 이름을 최고로 위하지 않으셨다면, 진노가 이스라엘 백성을 덮치고 말았을 것입니다.

내가 말하기를 내가 애굽 땅에서 그들에게 나의 분노를 쏟으며 그들에게 진노를 이루리라 하였노라(8절 하).

그들이 마땅히 받을 벌이었습니다. 하지만 무언가가 하나님 안에 있던 그 생각을 억눌렀습니다.

그러나 내가 그들이 거주하는 이방인의 눈앞에서 그들에게 나타나 그들을 애굽 땅에서 인도하여 내었나니 이는 내 이름을 위함이라 내 이름을 그 이방인의 눈앞에서 더럽히지 아니하려고 행하였음이라(9절).

구원은 하나님의 진노의 증거다
우리는 이 원리를 이해해야 합니다. 오늘날 수많은 그리스도인들이 하나님의 구원을 그분의 진노의 증거로 보는 것이 아니라, 자신들이 가치 있는 존재라는 증거로 받아들입니다. 전혀 맞지 않는 생각입니다. 전혀 말이 되지 않습니다. 이스라엘 백성이 갈라진 홍해를 걸어서 건너가면서 뭐라고 말해야 했을까요? "우리는 정말 훌

륭한 백성인가 봐!" 이렇게 말해야 했을까요? 아닙니다! 그들은 하나님의 진노를 받아 마땅했지만, 구원을 받았습니다. 하나님은 정말로 위대한 분이시므로, 위대한 분으로 알려지셔야 했습니다. 시편 106편 6-8절은 이렇게 말합니다.

우리가 우리의 조상들처럼 범죄하여 사악을 행하며 악을 지었나이다 우리의 조상들이 애굽에 있을 때 주의 기이한 일들을 깨닫지 못하며 주의 크신 인자를 기억하지 아니하고 바다 곧 홍해에서 거역하였나이다 그러나 여호와께서는 자기의 이름을 위하여 그들을 구원하셨으니 그의 큰 권능을 만인이 알게 하려 하심이로다.

이 사실을 알고 변함없이 이렇게 선포하는 예배 인도자들을 보면 정말 감사합니다. "우리의 구원자로 인해 기뻐할 것입니다! 내가 구원 받은 것이 내가 영광스러운 존재임을 의미하기에 기뻐하는 것이 아닙니다. 우리는 그렇게 말하지 않을 것입니다." 내가 존귀해서 구원 받았다고 생각하는 것은 그 영혼을 만족시키지 못합니다. 그것은 십자가를 자신의 자아를 강화하는 도구로 이용하려는 육신적인 생각에 불과합니다. 안타깝게도 많은 사람들이 이런 잘못된 생각에 사로잡혀 있습니다. 하지만 십자가는 자아를 못 박고 예수님과 하나님 아버지께 모든 영광을 돌리는 것입니다.

왜 열 가지 재앙일까?

이제 출애굽기를 살펴보겠습니다. 하나님은 이렇게 말씀하십니다.

내가 바로의 마음을 완악하게 한즉 바로가 그들의 뒤를 따르리니 내가 그와 그의 온 군대로 말미암아 영광을 얻어 애굽 사람들이 나를 여호와인 줄 알게 하리라 하시매 무리가 그대로 행하니라(출 14:4).

정말 심한 저주의 말입니다. 하나님께 이스라엘을 구원하시는 데 왜 열 가지 재앙을 사용하셨는지 여쭤 본 적이 있습니까? 세상 사람들처럼 생각하는 분들은 아마 이렇게 생각할지도 모릅니다. "음, 하나님이 아홉 번째 재앙까지 애를 쓰시다가 열 번째 가서야 비장의 카드를 빼셨는데 그게 통한 거지요." 틀린 생각입니다. 이 이야기의 첫 부분에서 하나님은 애굽을 여러 가지 이적으로 치겠다고 말씀하셨습니다. 하나님은 한 가지 이적을 베풀고 그것이 통하기를 바라셨다가 안 되니까 두 번째 이적을 베풀고, 또 그것이 통하기를 바라셨다가 안 되니까 세 번째 이적을 베풀고, 그렇게 반복하다가 마지막으로 열 번째 재앙이 통하자 "휴! 이게 얼마나 갈지 모르겠네"라고 말씀하시지 않았습니다. 이것은 문맥과 전혀 맞지 않는 생각입니다. 하나님은 애굽에 여러 가지 이적을 베풀고자 계획하셨습니다. 왜일까요? 하나님을 심하게 대적하던 바로를 꺾고 영광 받으시려고 했기 때문입니다. 하나님은 자신을 찬양하고

자 하셨습니다. 우리가 죄에서 벗어나는 것을 상징적으로 보여 주는 출애굽기는 자기 이름을 향한 하나님의 열정에 근거하고 있습니다. 이것은 구속사에서 엄청난 사건입니다. 그렇지 않습니까?

건강한 질투

출애굽하고 몇 달이 지나자 하나님이 율법을 주셨습니다.

> 너는 나 외에는 다른 신들을 네게 두지 말라 너를 위하여 새긴 우상을 만들지 말고 또 위로 하늘에 있는 것이나 아래로 땅에 있는 것이나 땅 아래 물속에 있는 것의 어떤 형상도 만들지 말며 그것들에게 절하지 말며 그것들을 섬기지 말라 나 네 하나님 여호와는 질투하는 하나님인즉 나를 미워하는 자의 죄를 갚되 아버지로부터 아들에게로 삼사 대까지 이르게 하거니와 (출 20:3-5).

"나 외에 다른 신들을 두지 말라. 나는 질투하는 하나님이니라." 여기서 질투한다는 것은 어떤 의미일까요? 나쁜 질투도 있고 좋은 질투도 있습니다. 최근에 혼전 상담을 해줄 기회가 몇 번 있었습니다. 저는 예비 신랑에게 신부가 결혼 후에 여자 친구들과 어울리며 많은 시간을 보낸다면 어떤 기분이 들지, 그리고 예비 신부에게는 신랑이 결혼 후에 남자 친구들과 다른 것들을 하며 많은 시간을 보낸다면 어떤 기분이 들지를 물어보았습니다. "넌 내

거야! 매일 밤 집에 들어와야 해! 나한테 모든 걸 줘!"라는 식의 건강하지 못한 질투심이 있는지 자세히 살펴보았습니다. 그런 생각은 건강하지 못한 질투심입니다.

하지만 아주 건강한 질투심도 있습니다. 제 아내 노엘이 다른 남자에게 관심을 갖고 그와 긴 시간을 보내며 자기 마음을 깊이 나누고 저와 점점 멀어진다면, 저는 정말로 화를 내야 합니다. 그리고 하나님은 우리가 세상과 부적절한 방식으로 어울릴 때 정말로 화를 내십니다. 왜일까요? 우리는 모든 영광을 하나님께 드리고, 그분으로부터 가장 깊고 심오한 만족을 얻도록 창조되었기 때문입니다. 하나님은 율법을 통해 이렇게 말씀하십니다. "내가 최우선이다! 이상 끝! 동의하지 않으면 너는 죽을 것이다." 이런 식의 대화는 정말이지 사람들을 멀어지게 만듭니다. 하지만 어떤 사람들에게는 그들이 얼마나 세속적이고 자기중심적인지를 깨닫도록 이런 식으로 말할 필요가 있습니다. 그것이 바로 율법입니다.

이스라엘 백성은 오랫동안 광야에서 방황했습니다. 왜일까요? 하나님은 왜 그들을 살려 두셨을까요? 그들은 우리와 마찬가지로 정말로 반역하는 백성들이었습니다.

그러나 이스라엘 족속이 광야에서 내게 반역하여 사람이 준행하면 그로 말미암아 삶을 얻을 나의 율례를 준행하지 아니하며 나의 규례를 멸시하였고 나의 안식일을 크게 더럽혔으므로 내가 이르기를 내가 내 분노를 광야에서 그들에게 쏟아 멸하리라 하였으나 내가 내 이름을 위하여 달리 행하였었나니 내가 그들을 인도하여 내는 것을 본 나라들 앞에서 내 이름을 더럽히지 아니하려 하였음이로라(겔 20:13-14).

우리가 앞에서도 보았던 내용입니다. 하지만 이스라엘 역사에서 이런 일은 계속 반복해서 일어납니다.

복음에 앞선 복음

이스라엘 백성이 가나안에 정착한 이야기는 건너뛰고, 왕을 구하는 이야기로 넘어가겠습니다. 저는 이 성경구절을 참으로 좋아하는데, 복음에 앞선 복음이 가득하기 때문입니다. 우리는 앞서 출애굽기에서 복음을 보았는데, 반역하던 백성들의 구원은 그들의 가치가 아닌 하나님의 진노에 근거하고 있었습니다. 그리고 여기서 다시 한 번 그 점을 살펴보려고 합니다. 이스라엘 백성이 여느 백성들처럼 왕을 요구하자 사무엘은 기뻐하지 않았고 하나님은 화를 내셨습니다. 그래서 어떤 일이 벌어졌습니까?

모든 백성이 사무엘에게 이르되 당신의 종들을 위하여 당신의 하나님 여호와께 기도하여 우리가 죽지 않게 하소서 우리가 우리의 모든 죄에 왕을 구하는 악을 더하였나이다 사무엘이 백성에게 이르되 두려워하지 말라 너희가 과연 이 모든 악을 행하였으나(삼상 12:19-20).

몇 해 전인지 잘 기억은 나지 않습니다만, 제가 이 부분을 읽다가 좀 어색하게 연결되어 있다고 생각한 적이 있었습니다. "두려워하지 말라"와 "너희가 과연 이 모든 악을 행하였으나"가 서로 연결되어 있는 것이 정말 이상합니다. "두려워하라! 너희가 이 모든 악을 행하였다!" 이렇게 말해야 자연스럽습니다. 하지만 본문은 "두려워하지 말라, 너희가 이 모든 악을 행하였으나" 하고 말합니다. 이것이 바로 복음입니다. 이것이 제가 말하려는 복음입니다. 받을 자격이 없는데 받는 은혜, 받을 자격이 없는데 받는 긍휼입니다. 왜일까요? 이러한 은혜의 근거는 무엇일까요?

사무엘이 백성에게 이르되 두려워하지 말라 너희가 과연 이 모든 악을 행하였으나 여호와를 따르는 데에서 돌아서지 말고 오직 너희의 마음을 다하여 여호와를 섬기라 돌아서서 유익하게도 못하며 구원하지도 못하는 헛된 것을 따르지 말라 그들은 헛되니라 여호와께서는 너희를 자기 백성으로 삼으신 것을 기뻐하셨으므로 여호와께서는 그의 크신 이름을 위해서라도 자기 백성을 버리지 아니하실 것이요(삼상 12:20-22).

그래서 출애굽기에서 이스라엘 백성은 구원 받았고 하나님의 진노는 나타나지 않았습니다. 하나님이 애굽에서 자기 이름이 높아지기를 간절히 원하셨기 때문입니다. 그런데 여기서 이스라엘 백성은 반역을 저지르고 하나님을 비난하며 이렇게 말합니다. "우리는 다른 왕을 원합니다. 다른 나라들처럼 되고 싶습니다. 이런 신정국가는 원치 않습니다. 우리는 다른 왕을 원합니다." 나중에 이스라엘 백성은 이 행동을 죄라고 인정했습니다. 그때 사무엘이 그들에게 말씀을 전하고 나서 "두려워하지 말라"고 말했습니다. 사무엘은 이렇게 말할 수 있었습니다. "하나님은 자비로우시고 은혜가 풍성하시며 우리와 맺은 사랑의 언약을 지키시는 분이므로 두려워하지 말라." 다 맞는 말입니다. 하지만 그는 "여호와께서는 그의 크신 이름을 위해서라도 자기 백성을 버리지 아니하실 것이요"라고 말했습니다. 여러분은 이에 대한 반응으로 어떻게 기도하십니까?

어떻게 기도하는가?

제가 풀러 신학교를 다니던 시절, 1969년 봄부터 다음해까지 가치관에 큰 변화를 겪었습니다. 대격변의 시기였습니다. 인간 중심적인 삶이 새로워지기 위해서는 이런 대격변이 필요한 법입니다. 노엘과 저는 1968년 12월에 결혼한터라, 우리는 함께 이 시기를 지나고 있었습니다. 당시 오렌지 그로브 대로변에 있던 우리의 작은 신혼집에는 베이지색 소파가 있었습니다. 그 집의 월세는 85달러였습니다! 신혼부부였던 우리는 매일 밤, 그 베이지색 소파 옆에 무릎을 꿇고 기도했습니다. 제가 노엘에게 이렇게 말했던 기억이 납니다. "당신도 잘 알겠지만, 기도하는 내용을 보면, 그 사람의 신학이 완전히 달라졌는지를 알 수 있지." 그 당시 우리 부부의 기도가 정말 달라져 있었습니다. "이름이 거룩히 여김을 받으시오며" 같은 말씀은 정말 새롭게 다가왔습니다. 더 이상 그냥 자동으로 읊는 구절이 아니었습니다! "이름이 거룩히 여김을 받으시오며"는 하나님께 세상에서 강해지고 우리 마음에서 위대해지시기를 요청하는 기도입니다. 그래서 여러분에게 묻고 싶습니다. "하나님에 대해 발견한 사실이 여러분의 기도에 어떤 변화를 주었습니까?"

여기 한 가지 방식이 있습니다.

여호와여 나의 죄악이 크오니 주의 이름으로 말미암아 사하소서 (시 25:11).

여러분은 이런 식으로 기도하십니까? 이런 생각을 하십니까? 물론 저도 이에 대해 말하는 성경의 수많은 본문들에 눈뜨기 전까지는 이런 생각을 하지 못했습니다.

오늘날을 살아가는 우리는 이 고백을 조금 다른 말로 하고 있습니다. "예수님의 이름으로 기도합니다. 아멘." 그것이 바로 주의 이름이기 때문입니다. 십자가를 통해 우리는 그 이름을 알게 되었습니다. 바로 예수님입니다. 하나님은 아들을 먼저 보내셔서 그분의 의로움을 높이게 하셨고, 죄인들을 구원하심으로 그분의 정의를 지키셨습니다. 우리는 하나님의 긍휼을 받을 자격이 전혀 없지만, 긍휼을 구한다고 할 때 과연 누구에게 호소해야겠습니까? 오직 이렇게 말할 수밖에 없을 것입니다. "오, 주님, 주님의 이름을 위하여 간구합니다. 내 죄를 사하시고, 상하고 불완전한 내 모습 그대로 사용하시어 주님의 이름을 위대하게 하옵소서."

아니면, 이런 기도는 어떻습니까?

자기 이름을 위하여 의의 길로 인도하시는도다(시 23:3).

하나님은 왜 여러분을 성화시키십니까? 여러분은 성화를 위해 어떻게 기도하십니까? "주님, 주님의 이름을 위하여 나를 의의 길로 인도하소서. 오늘도 주님이 높아지시기를 원합니다."

기쁨에 앞서 상함

노엘과 저는 흔들의자를 하나 갖고 있는데, 독일에서 첫아이를 낳았을 때 노엘을 위해 제가 샀던 것입니다. 저는 주일 저녁마다 그 의자에 앉아 시간을 보냈습니다. 독일에서는 주일 저녁에 아무 행사가 없었기 때문에 근 1년을 그 의자에 앉아 조나단 에드워즈(Jonathan Edwards)의 「신앙 감정론」(Religious Affections)을 읽었습니다. 하루 저녁에 두세 페이지 정도 읽었는데, 전체가 몇 페이지였는지는 잘 모르겠습니다. 그 책의 상당 부분이 감당하기 힘들었습니다. 제 죄를 들춰내는 책이었습니다. 여러분도 그 책을 읽어 보기 바랍니다. 사람들은 제게 "조나단 에드워즈의 책을 읽으려면 뭐부터 시작하는 게 좋을까요?"라고 묻습니다. 그러면 저는 「의지의 자유」(Freedom of the Will) 말고 「신앙 감정론」부터 읽으라고 말합니다. 정말로 힘듭니다. 지적으로는 그 책을 감당할 수 있지만, 도덕적으로는 감당하기 힘들 것입니다. 완전히 두 손 두 발 다 들게 될 것입니다.

그 책을 보면, 복음적 겸손(evangelical humiliation)을 다루는 장에서 에스겔서 36장을 인용하고 있습니다.

그러므로 너는 이스라엘 족속에게 이르기를 주 여호와께서 이같이 말씀하시기를 이스라엘 족속아 내가 이렇게 행함은 너희를 위함이 아니요 너희가 들어간 그 여러 나라에서 더럽힌 나의 거룩한 이름을 위함이라 여러 나라 가운데에서 더럽혀진 이름 곧 너희가 그들 가운데에서 더럽힌 나의 큰 이름을 내가 거룩하게 할지라 내가 그들의 눈앞에서 너희로 말미암아 나의 거룩함을 나타내리니 내가 여호와인 줄을 여러 나라 사람이 알리라 주 여호와의 말씀이니라…내가 이렇게 행함은 너희를 위함이 아닌 줄을 너희가 알리라 이스라엘 족속아 너희 행위로 말미암아 부끄러워하고 한탄할지어다(겔 36:22-32).

그때(1972년) 그 책을 읽으며 더 충격을 받았던 이유는, 당시 제가 자존감에 대한 책들에 둘러싸여 있었기 때문입니다. 저는 〈복음주의신학회 회보〉(The Journal of the Evangelical Theological Society)에 그런 책들 중 두 권에 대한 서평을 싣기도 했습니다. 자존감 복음(gospel of self-esteem)은 세상의 영향을 받아 교회에서도 큰 인기를 끌었습니다. 그래서 저는 에드워즈의 책을 읽으면서 이렇게 중얼거렸습니다. "내가 읽었던 책들에는 이 본문을 인용한 책이 한 권도 없었는데. '내가 이렇게 행함은 너희를 위함이 아닌 줄을 너희가 알리라 이스라엘 족속아 너희 행위로 말미암아 부끄러워하고 한탄할지어다'라고 말한 책이 하나도 없었는데."

십자가에서 떨 듯이 기쁜 감정을 느끼기 위해서는 먼저 정말 죽을 것 같은 아픔을 느껴야 합니다. 십자가는 먼저 이렇게 말합니다. "내가 여기 있는 것은 바로 너 때문이다." 이 말은 '네 죄가 너무 크다. 하나님이 네 영혼을 구원하시는 것이 정당화되려면 하나님 아들의 죽음이 필요했다'는 의미입니다. 이 깨달음은 제 삶이 온전해지는 데 부족했던 감정적 부분이었습니다.

아버지를 영화롭게 하시는 예수님

신약성경에도 같은 내용이 나옵니다. 예수님은 이렇게 말씀하셨습니다.

> 아버지께서 내게 하라고 주신 일을 내가 이루어 아버지를 이 세상에서 영화롭게 하였사오니(요 17:4).

예수님이 하나님 아버지께로부터 받은 일을 성취하면서, 아버지를 영화롭게 하고 있습니다. 그리고 예수님은 요한복음 7장 18절에서 이렇게 말씀하십니다.

> 스스로 말하는 자는 자기 영광만 구하되 보내신 이의 영광을 구하는 자는 참되니 그 속에 불의가 없느니라.

하나님은 자기 영광을 얻기 위해서 예수님을 보내셨습니다. 그것이 바로 하나님이 예수님을 보내신 이유입니다.

로마서 15장 8-9절은 이렇게 말합니다.

> 내가 말하노니 그리스도께서 하나님의 진실하심을 위하여 할례의 추종자가 되셨으니 이는 조상들에게 주신 약속들을 견고하게 하시고 이방인들도 그 긍휼하심으로 말미암아 하나님께 영광을 돌

리게 하려 하심이라 기록된 바 그러므로 내가 열방 중에서 주께 감사하고 주의 이름을 찬송하리로다 함과 같으니라.

하나님이 예수님을 이방인들에게 보내신 것은 이방인들도 그 긍휼하심으로 말미암아 하나님께 영광을 돌리게 하기 위해서였습니다.
 여기서 두 가지를 생각해 볼 수 있습니다. '하나님께 영광을 돌린다'와 '긍휼을 베푼다'입니다. 이 둘이 어떻게 연결되는 것일까요? 저는 수년간 신학생들에게 신학교에서 배운 것을 총정리하는 논문을 쓰게 했습니다. 모든 것을 통합하는 궁극적인 실재라고 여기는 것을 중심으로 그동안 배운 모든 신학을 총동원해 논문을 쓰게 했습니다. 그러면 몇 가지 주제가 등장하는데, 많은 학생들이 '긍휼'이라는 주제를 선택합니다. 긍휼은 무한히 영광스러운 것이기에, 누구든 긍휼을 주제로 성경 전체를 통합하는 논문을 쓴다고 해도 막지는 않을 것입니다. 하지만 긍휼은 가장 궁극적인 것이 아닙니다. 문법적으로 보아도 그것을 알 수 있습니다. "그 긍휼하심으로 말미암아 하나님께 영광을 돌리게 하려 하심이라." 여기서 '말미암아'(for)가 뜻하는 것은 무엇일까요? 그 긍휼하심으로 말미암아 하나님께 영광을 돌립니다. 즉 하나님의 긍휼하심에 근거하여 하나님께 영광을 돌린다는 말로 풀어 말할 수 있습니다. 즉 하나님의 긍휼하심을 경험함으로써 하나님께 영광을 돌리는 일이 일어난다는 것입니다. 따라서 제 생각에는 하나님께 영광을 돌리는 것이 궁극적인 것이고, 긍휼하심을 받는 것은 그 다음 일입니다.

하지만 여러분은 선택할 필요가 없습니다. 선택해야 한다면 복음이 아닐 것입니다. 하나님은 영광을 받으시고, 우리는 긍휼을 받습니다. 이것이 바로 일거양득입니다. 저는 다른 방식은 원하지 않습니다. 우리의 인간적인 본성은 이렇게 말할지 모릅니다. "아니야, 내가 영광을 받지 못하면 난 정말로 행복할 수 없어. 그리고 조금의 긍휼도 필요하지 않는 신(God)은 원치 않아." 사람들이 하나님을 용서한다고 말하는 소리를 들어 보셨을 것입니다. 그런 말을 들을 때면 저도 말을 조심해서 해야겠다는 생각이 듭니다.

로마서에는 성경에서 가장 중요한 단락이 들어 있다고 할 수 있습니다. 이런 식으로 말하는 것이 조금 위험하지만, 저라면 로마서 8장이나 3장을 고르겠습니다.

> 모든 사람이 죄를 범하였으매 하나님의 영광에 이르지 못하더니 (롬 3:23).

바울은 영광이라는 관점에서 문제를 제기하고 있습니다. 앞서 로마서 1장에서 모든 사람이 하나님의 영광을 여러 가지 모양의 우상, 특히 사람 모양의 우상과 바꾸었다고 말했습니다. 로마서 1장 23절은 이렇게 말합니다.

썩어지지 아니하는 하나님의 영광을 썩어질 사람과 새와 짐승과 기어 다니는 동물 모양의 우상으로 바꾸었느니라.

로마서 3장 23절은 우리가 "하나님의 영광에 이르지" 못했다고 말합니다. 문자 그대로 부족하다는 것입니다. 우리는 부족합니다. 하나님의 영광을 그보다 더 못한 것들과 바꾸었기 때문입니다. 우리는 하나님의 영광을 외면하고 우리가 좋아하는 영광을 반겼습니다. 그것이 바로 죄의 실체입니다. 하나님의 영광보다 다른 영광을 더 좋아하는 것이 바로 죄입니다. "모든 사람이 죄를 범하였으매 하나님의 영광에 이르지 못하더니."

하나님이 죄인들을 의롭다 하시는 방법

하나님이 죄인들을 의롭다 하시는 방법이 있습니다. 그것은 바로 하나님이 은혜로 값없이 주신 선물, 예수 그리스도 안에 있는 구속을 통해서입니다. 예수 그리스도는 하나님이 그의 피로 죄값을 치르도록 자신을 속죄물로 내어 주신 분입니다. 더 나은 표현으로 말하자면, 그의 피로써 믿음으로 말미암는 화목제물로 받아들여지는 방식입니다. 이것은 무언가를 드러내기 위한 것입니다. 자, 여기 그 목적이 있습니다.

이 예수를 하나님이 그의 피로써 믿음으로 말미암는 화목제물로 세우셨으니 이는 하나님께서 길이 참으시는 중에 전에 지은 죄를 간과하심으로 자기의 의로우심을 나타내려 하심이니 곧 이때에 자기의 의로우심을 나타내사 자기도 의로우시며 또한 예수 믿는 자를 의롭다 하려 하심이라(롬 3:25-26).

하나님은 자기 아들의 죽음이라는 엄청난 값을 지불하고 여러분을 구원하십니다. 여러분을 구원하면서 여러분의 죄를 간과하시는데, 그에 대한 해명이 반드시 필요하기 때문입니다. 만일 하나님이 구약과 여러분이 삶에서 지은 죄를 간과하고 그냥 넘어가신다면, 어떻게 될 것 같습니까? 죄는 하나님의 영광을 무가치하게 만들뿐더러 하나님의 영광을 축소시켜 버립니다. 그렇게 되면 어떻게 하나님이 공의로우실 수 있고 여러분을 용서하실 수 있겠습니까? 그래서 하나님은 이에 대한 해결책으로, 자기 아들을 죽이시고 죄가 얼마나 심각한 것인지를 보여 주셨습니다. 하나님은 자기 영광의 가치를 극대화시키기 위해 아들을 상하게 하셨습니다.

바로 이런 이유로 인해 그리스도인의 삶은 다음 성경구절과 같아야 합니다. 제가 생각하기로는 우리 아버지가 제게 가장 많이 인용하셨던 성경구절입니다.

그런즉 너희가 먹든지 마시든지 무엇을 하든지 다 하나님의 영광을 위하여 하라(고전 10:31).

구속사의 모든 것은 하나님이 자기 영광을 위해 행하신 것입니다. 따라서 여러분 삶의 모든 것도 그 목적에서 같습니다. 여러분이 이 지구상에 존재하는 이유는 하나님을 높이는 일에 그분과 동역하기 위해서입니다. 로마서 5장에 따르면, 여러분이 만나게 될 모든 사람은 불순종하고 반역했기 때문에 오직 믿음으로 의로워져야 합니다. 그들은 하나님을 있는 그대로 인정하고 그분께 영광 돌리는 일을 그만두었습니다. 그러므로 우리는 그들로 하여금 다시 돌이켜 하나님께 영광을 돌리도록 해야 합니다.

예수님은 왜 다시 오시는가?
베드로전서 말씀을 하나 더 살펴보겠습니다.

> 만일 누가 말하려면 하나님의 말씀을 하는 것같이 하고 누가 봉사하려면 하나님이 공급하시는 힘으로 하는 것같이 하라 이는 범사에 예수 그리스도로 말미암아 하나님이 영광을 받으시게 하려 함이니 그에게 영광과 권능이 세세에 무궁하도록 있느니라 아멘(벧전 4:11).

저는 예배 전에 아래층에서 여러분과 만날 때면, 다른 어떤 말씀보다 이 말씀을 붙들고 기도합니다.

　예수님은 왜 다시 오실까요? 이제 다 건너뛰고 마지막 재림으로

가 봅시다. 마지막 성경구절은 데살로니가후서 1장 9-10절입니다.

이런 자들은 주의 얼굴과 그의 힘의 영광을 떠나 영원한 멸망의 형벌을 받으리로다 그날에 그가 강림하사 그의 성도들에게서 영광을 받으시고 모든 믿는 자들에게서 놀랍게 여김을 얻으시리니 이는 (우리의 증거가 너희에게 믿어졌음이라.)

데살로니가후서 1장은 하나님의 아들이 세상에 다시 오시는 이유에 대해 두 가지를 이야기합니다. "영광을 받으시고" "놀랍게 여김을 얻으시기" 위해서입니다. 제가 스물두 살이 되기 전에는, 이것에 대해 한 번도 생각해 본 적이 없었습니다. 누군가 제게 왜 예수님이 다시 오시느냐고 물으면 이렇게 대답했습니다. "나를 데려가려고 오시는 거죠. 나를 구원하러 다시 오시는 겁니다." 맞는 말입니다. 약간 초점이 빗나갔을 뿐입니다. 제가 무지했던 것이지요. 제 마음은 예수님의 마음이 아니었습니다. 제 생각은 예수님의 생각이 아니었습니다. 제 생각은 하나님의 생각에 근거하지 않았습니다. 하나님의 아들은 영광을 받으시기 위해 오십니다. 그리고 그것이 사랑의 행위인 이유는 그분을 높일 때 우리의 기쁨이 충만하기 때문입니다.

가장 감탄할 만한 분 감탄하기

무신론자 철학자이자 소설가인 아인 랜드(Ayn Rand)는 「아틀라스」(Atlas Shrugged)에서 이렇게 말했습니다. "감탄은 가장 드문 즐거움이다." 그녀는 아주 냉소적인 의미에서 그렇게 말한 것입니다. '나와 몇몇 철학자를 제외하고는 이 세상에 존경 받을 만한 사람은 없다'는 의미입니다. 하지만 그녀의 말을 제 방식으로 해석하면, '다른 동물들과 달리 나는 감탄하도록 지음 받았다'라는 의미입니다. 저의 가장 깊은 기쁨은 가장 감탄할 만한 분을 감탄하는 데 있을 것입니다. 그리고 가장 감탄할 만한 분은 오직 한 분이십니다. 바로 온전히 하나님의 형상을 닮은 그리스도이십니다. 그리고 예수님이 오실 때, 저의 가장 충만한 기쁨은 그분이 오시는 목적, 즉 높임을 받으시려는 그 목적을 이루는 데 있을 것입니다. 그래서 그분의 영광과 저의 기쁨은 함께 갑니다.

이제 이 점을 받아들이고 나면, "일찍이 죽임을 당하사 각 족속과 방언과 백성과 나라 가운데에서 사람들을 피로 사서 하나님께 드리시고 그들로 우리 하나님 앞에서 나라와 제사장들을 삼으셨으니 그들이 땅에서 왕 노릇 하리로다"라는(계 5:9-10) 말씀을 이해하게 됩니다. 예수님이 왜 그런 일을 하시는지, 왜 이 땅에 오셨는지, 왜 각 족속으로부터 사람들을 사셨는지, 왜 우리가 선교사를 보내는지 알게 됩니다. 그리고 로마서 1장에서 그 답을 찾아보면, 바로 "하나님의 이름을 위해서"입니다.

그래서 책의 첫 부분인 이 지점에서 무엇보다 기초를 튼튼히 세우기 위해서는, 즉 열방을 향한 우리의 마음이 열방을 향한 하나님의 마음에 있기 원한다면, 자기 영광을 향한 하나님의 마음에 머물러야 할 것입니다.

4
믿음으로 말미암은 자들은
아브라함의 자손인 줄 알지어다

1983년 3월 20일

아브라함이 하나님을 믿으매 그것을 그에게 의로 정하셨다 함과 같으니라 그런즉 믿음으로 말미암은 자들은 아브라함의 자손인 줄 알지어다 또 하나님이 이방을 믿음으로 말미암아 의로 정하실 것을 성경이 미리 알고 먼저 아브라함에게 복음을 전하되 모든 이방인이 너로 말미암아 복을 받으리라 하였느니라 그러므로 믿음으로 말미암은 자는 믿음이 있는 아브라함과 함께 복을 받느니라_ 갈 3:6-9

우리는 아브라함의 자손이 될 수 있는가?

본문을 통해 오늘 우리에게 주시는 하나님의 말씀은, 믿음으로 사는 사람이라면 누구나—유대인이나 이방인이나, 부자나 가난한 사람이나, 남자나 여자나, 흑인이나 백인이나 황인이나, 눈치 빠른 사람이나 눈치 없는 사람이나, 노인이나 젊은이나—아브라함의 자손이 될 수 있고 아브라함의 자손에게 약속된 복을 받을 수 있다는 것입니다.

본문의 구조는 간단합니다. 주요 쟁점이 두 가지 방식으로 언급되는데, 한 번은 7절에서, 또 다른 한 번은 9절에서 언급되고 있습니다. 그리고 각 구절 앞에 그에 해당하는 구약성경을 인용하여 힘을 싣고 있습니다. 6절은 창세기 15장 6절을 인용합니다. "아브라함이 하나님을 믿으매 그것을 그에게 의로 정하셨다 함과 같으니라." 그리고 일반적인 추론인 5절과 이 6절을 서로 연결하여 7절의 결론을 이끌어 냅니다. "그런즉 믿음으로 말미암은 자들은 아브라함의 자손인 줄 알지어다." 한 사람을 "아브라함의 자손"으로 만드는 것은, 바로 믿음입니다. 다음으로 8절은 창세기 12장 3절(그리고 18장 18절)을 인용합니다. "모든 이방인이 너로 말미암아 복을 받으리라 하였느니라." 그리고 그 추론으로부터 9절의 결론을 이끌어 냅니다. "그러므로 믿음으로 말미암은 자는 믿음이 있는 아브라함과 함께 복을 받느니라." 한 사람에게 아브라함의 복을 받을 자격을 주는 것은, 바로 믿음입니다. 따라서 주요 쟁점은—오늘날 우리를 향한 하나님의 말씀은(7절과 9절에서 표현된)—믿음으로 사는 사람은 누구나 아브라함의 자손이며 아브라함의 복을 받게 된다는 것입니다.

대부분의 사람들이 이 선포에 대해 그저 어깨만 으쓱하는데, 그 이유를 두 가지 정도로 생각해 볼 수 있습니다. 한 가지 이유는, 아브라함의 자손이 되는 것이 무슨 의미인지를 모르기 때문입니다. 아브라함의 자손에게 약속된 복이 얼마나 소중한지를 모르기 때문입니다. 그리고 또 다른 이유는, 유대인의 피를 한 방울도 갖지 않은 20세기 미국인이 어떻게 아브라함의 자손이라 불릴 수 있는지 이해할 수 없기 때문입니다. 다른 말로 하면, 갈라디아서 3장 6-9절의 약속이 우리의 믿음을 굳건히 하고 우리의 기쁨을 충만하게 하는 말씀이라면, 이 말씀을 더 깊이 연구하여 그 의미와 그 말씀이 어떻게 구약에 근거하는지를 알아야 한다는 것입니다. 이것이 바로 제 목표입니다. 여러분이 믿음의 진보를 이루고 기뻐하는 것이(빌 1:25) 바로 제 목표입니다. 진정한 믿음은 사랑 안에서 역사하고(갈 5:6), 세상 사람들이 하나님 백성의 희생적인 사랑을 볼 때 감동하여 하나님께 영광을(마 5:16) 돌릴 것을 알기 때문입니다. 따라서 우리의 믿음과 사랑을 위해, 더 궁극적으로는 하나님의 영광을 위해, 바울이 어떻게 구약성경에서 7절과 9절을 이끌어 냈는지, 그리고 그것이 오늘날 우리에게 의미하는 바가 무엇인지 함께 살펴보겠습니다.

육체적 혈통에 달리지 않았다

아브라함의 자손이 되는 것이 무엇을 의미하는지를 알아야 우리가 본문의 많은 부분을 이해할 수 있습니다. 그러므로 먼저 그 질문에 대답해 보겠습니다. 우리가 가장 먼저 짚고 넘어갈 것은, 바울이 생각하는 아들됨(sonship)은 육체적 혈통에 근거하지 않는다는 사실입니다. 예를 들어, 바울은 갈라디아서 3장 28-29절에서 이렇게 말합니다.

너희는 유대인이나 헬라인이나 종이나 자유인이나 남자나 여자나 다 그리스도 예수 안에서 하나이니라 너희가 그리스도의 것이면 곧 아브라함의 자손이요 약속대로 유업을 이을 자니라.

따라서 유대인과 비유대인 모두 아브라함의 자손 혹은 아들이 될 수 있다는 점을 확실히 짚고 넘어가야 합니다. 아들됨은 육체적 혈통에 근거하지 않습니다. 로마서 9장 6-7절은 이렇게 확언합니다.

그러나 하나님의 말씀이 폐하여진 것 같지 않도다 이스라엘에게서 난 그들이 다 이스라엘이 아니요 또한 아브라함의 씨가 다 그의 자녀가 아니라 오직 이삭으로부터 난 자라야 네 씨라 불리리라 하셨으니.

하지만 이 사실은 오늘 본문에서도 충분히 볼 수 있습니다. 7절과 9절이 같은 이야기를 하고 있지 않습니까? 7절은 "믿음으로 말미암은 자들은 아브라함의 자손"이라고 말합니다. 그리고 9절은 "믿음으로 말미암은 자는 믿음이 있는 아브라함과 함께 복을 받느니라"고 말합니다. 이들은 분명히 같은 사람들입니다. 바로 아브라함의 자손들입니다. 아브라함과 그 자손에게 약속된 복을 누릴 사람들입니다. 하지만 8절과 9절을 연결하여 볼 때, 이들 중에는 이방인도 포함되는 것이 분명합니다. 8절은 창세기 12장 3절을 인용하며 이렇게 말합니다. "모든 이방인이 너로 말미암아 복을 받으리라." 유대인만이 아닙니다. 그리고 그로부터 바울은 9절의 결론을 이끌어 냅니다. "그러므로 믿음으로 말미암은 자는 믿음이 있는 아브라함과 함께 복을 받느니라." 따라서 9절에서 말하는 "믿음으로 말미암은 자"에는 이방인도 포함되어야 합니다. 이들은 7절에서 말하는 "믿음으로 말미암은 자들은 아브라함의 자손"과 같은 사람들입니다. 따라서 아브라함의 자손에는 이방인도 포함되어야 합니다. 아브라함의 자손이 되는 것의 첫 번째 의미는, 아브라함의 자손은 육체적 혈통에 근거하지 않는다는 것입니다.

우리에게는 조금 생소하게 들릴 수 있겠지만, 이는 복음의 핵심에 매우 가깝습니다. 백인, 앵글로색슨계 개신교도들도 아브라함의 자손이 될 수 있습니다. 라틴아메리카계 사람, 라오스 사람, 캄보디아 사람도 아브라함의 자손이 될 수 있습니다. 아프리카 흑인 무슬림도 아브라함의 자손이 될 수 있습니다. 반유대주의자, 나치 당원도 아브라함의 자손이 될 수 있습니다. 심지어 히틀러도 아브라함의 자손이 될 수 있었습니다.

바울의 견해는 성경적인가?

아들됨의 의미와 그것이 왜 우리에게 좋은 소식인지를 묻기 전에, 아브라함의 자손에 대한 바울의 견해가 구약에 근거한 것인지를 먼저 물어야 합니다. 유대인 친구들에게 우리도 아브라함의 자손이라고 아무리 말해도, 그들이 토라를 가리키며 바울의 생각이 모세의 가르침에 어긋난다는 것을 보여 준다면 아무 소용없습니다. 이제 저와 함께 창세기 12장 1-3절을 살펴보겠습니다. 여기에 유대인이 받은 가장 기본적인 약속이 나옵니다.

> 여호와께서 아브람에게 이르시되 너는 너의 고향과 친척과 아버지의 집을 떠나 내가 네게 보여 줄 땅으로 가라 내가 너로 큰 민족을 이루고 네게 복을 주어 네 이름을 창대하게 하리니 너는 복이 될지라 너를 축복하는 자에게는 내가 복을 내리고 너를 저주하는 자에게는 내가 저주하리니 땅의 모든 족속이 너로 말미암아 복을 얻을 것이라 하신지라.

하나님이 새로운 민족을 세우시기 위해 아브람을 택하셨을 때, 유대인은 세상을 위해 창조되었다는 사실을 분명히 밝히셨습니다. 유대인의 사명은 "복이 되는 것"이었습니다. 그들의 운명은 열방을 섬기는 것입니다. (창세기 18장 18절도 같은 말씀을 하는데, "족속"이라는 말 대신 이방인을 포함하는 "천하 만민"이라는 표현을 사용합니다.) 바울이 갈라디아서 3장 8절에서 "모든 이방인이 너로 말미암아 복을 받으리라"고 인용한 부분이 바로 이 말씀입니다.

하지만 이 복은, 천하 만민이 아들로서 받는 복과 같은 것일까요? 천하 만민이 아브라함의 자손이 됨으로 인해 아브라함을 통해 복을 받게 될 거라는 단서가 창세기에 있습니까? 그렇습니다. 창세기 17장에 나옵니다. 여기서 하나님은 아브라함과 맺은 계약 조건을 분명히 제시하시며 4-5절에서 이렇게 말씀하십니다.

보라 내 언약이 너와 함께 있으니 너는 여러 민족의 아버지가 될지라 이제 후로는 네 이름을 아브람이라 하지 아니하고 아브라함이라 하리니 이는 내가 너를 여러 민족의 아버지가 되게 함이니라.

어떤 사람들은 이 본문에 나오는 "민족"(nations)이라는 단어가 아브라함의 육체적 혈통에 속하는 이스마엘 족속과 에돔 족속을 나타낸다고 주장합니다. 하지만 창세기 17장 4-5절에 표현된 "여러"(multitude)라는 단어는 둘 이상을 의미합니다. 하나님은 창세기 12장 3절과 18장 18절에서 복을 받을 것이라고 말씀하신 같은 민족*을 여기서도 염두에 두신 것이 분명합니다. 다른 말로 하면, 창세기 17장 4절은 12장 3절과 18장 18절에 약속된 복이 어떻게 구체적으로 실현되는지를 설명하는 구절이라 할 수 있습니다. 아브라함이 그들의 아버지가 될 것이기에 그들은 복을 받게 될 것입니다. 그들은 아브라함의 자손이 됨으로써 복을 받게 될 것입니다. 따라서 바울이 이방인도 아브라함의 자손이 될 수 있다고

---

* 영어성경에는 "all the families(nations) of the earth"로 되어 있지만, 우리말 성경 개역개정판에는 "모든 족속"과 "천하 만민"으로 번역되어 있다.

가르친 것은 구약의 가르침에 어긋난다고 볼 수 없습니다. 이것이 아브라함의 자손—유대인 이상을 포함하는—에 대해 살펴볼 때 가장 먼저 염두에 두어야 할 점입니다. 아브라함의 자손에는 여러분과 저도 포함됩니다. (로마서 4장 16절과 17절은, 이방인도 하나님의 자녀라는 바울의 생각이 창세기 17장 4절에 근거한다고 분명히 확증합니다.)

아브라함과 닮아야 한다

우리가 아브라함의 자손이 되는 것에서 두 번째로 주목할 것은, 그것이 아브라함을 닮는다는 의미라는 점입니다. 요한복음 8장 39절에서 유대인들은 예수님의 비판에 대항해 자신들을 이렇게 변호합니다.

> 우리 아버지는 아브라함이라 하니 예수께서 이르시되 너희가 아브라함의 자손이면 아브라함이 행한 일들을 할 것이거늘.

예수님은 여기에서 우리에게 두 가지를 보여 주십니다. 첫 번째로, 그들이 유대인일지라도 아브라함의 자손이 아니라는 것을 보여 주십니다. 이와 동시에 우리가 살펴본 첫 번째 관점, 즉 아브라함의 자손이 되는 것은 유대인이 되는 것과 같지 않다는 사실을 확실히 하십니다. 그리고 두 번째로, 아브라함의 자손이 되는 것은 아브라함과 같아지는 것임을 보여 주십시다. 즉 아브라함이 행한 일을 하라고 말씀하십니다. "너희가 아브라함의 자손이면 아브라함이 행한 일들을 할 것이거늘." 갈라디아서 3장 6절에서 아브라함이 행한 일은 하나님을 믿는 것이었습니다. "아브람이 여호와를 믿으니 여호와께서 이를 그의 의로 여기시고"(창 15:6). 이제 바울은 7절의 결론을 이끌어 냅니다. "그런즉 믿음으로 말미암은 자들은 아브라함의 자손인 줄 알지어다." 아브라함은 믿음의 사람이었습니다. 따라서 여러분이 아브라함이 행한 일을 한다면, 즉 여러분에게 믿음이 있다면, 여러분은 그의 자손이 될 것입니다.

아브라함의 자손이 되는 것에 대해 우리가 말한 첫 번째 의미는 육체적 혈통과 같지 않다는 것입니다. 이 자리에 계신 분 누구라도 아브라함의 자손이 될 수 있습니다. 두 번째 의미는, 아브라함의 자손이 되는 것에는 그가 행한 일을 하는 것이 포함된다는 것입니다. 물론 시시콜콜 다 따라한다는 의미가 아니라 가장 핵심 되는 것, 즉 하나님의 약속을 믿는 것을 의미합니다. 아브라함은 하나님을 믿었습니다. 그러므로 믿음이 있는 사람은 아브라함의 자손입니다.

아브라함의 복을 받을 자

아브라함의 자손이 되는 것에 대해 세 번째로 살펴볼 것은, 그들이 아브라함과 그 자손에게 약속된 복을 받는다는 사실입니다.

갈라디아서 3장 29절은 특히 이 점에 대해 분명히 말합니다.

너희가 그리스도의 것이면 곧 아브라함의 자손이요 약속대로 유업을 이을 자니라.

바울이 유대인이나 헬라인이나 종이나 자유인이나 남자나 여자에 대한 생각을 표현한 28절에 이어 이 말씀이 나왔다는 점을 기억하십시오. 여기서 강조하고 있는 가장 놀라운 점은 헬라인, 즉 할례 받지 않은 이방인이 아브라함에게 주신 약속의 상속자라는 사실입니다. 아브라함의 믿음을 갖고 있으며 예수 그리스도께 속한다면, 여러분과 저도 아브라함에게 주신 하나님의 약속을 받을 수 있습니다. (로마서 4장 16-17절도 이방인들이 믿음으로 인해 "그 약속"의 상속자가 됨을 보여 줍니다. 갈라디아서 3장 14절과 4장 30절도 참조하십시오.)

지금까지 우리는 아브라함의 자손이 되는 것의 세 가지 의미를 살펴보았습니다. 첫째, 유대인이 되는 것과 같은 의미가 아닙니다. 이방인도 포함될 수 있습니다. 둘째, 아브라함을 닮는 것을 의미합니다. 특히 아브라함처럼 하나님의 약속을 신뢰하는 것입니다. 셋째, 아브라함에게 약속된 복을 받는 것입니다.

따라서 이제 이런 질문이 생깁니다. "그러면 그 복은 무엇인가?" 20세기를 살아가는 사업가, 가정주부, 학생, 전문가, 노동

자, 십대, 기성세대의 관심을 끌 만한 복이 과연 그 속에 있을까요? 저는 그렇다고 생각합니다. 여러분이 아브라함의 자손이라면 받게 될 복 가운데 두 가지만 말해 보겠습니다. 이 두 가지 복은 여러분이 갖고 있는 (혹은 가져야만 하는) 두려움을 없애기 위해 약속된 것입니다. 첫째는 죄를 짊어진 채로 무한히 거룩하신 하나님을 만난다는 두려움이고, 둘째는 죽음에 대한 두려움입니다.

칭의의 약속

먼저, 여러분이 아브라함의 자손이라면, 확실히 보장된 복 가운데 하나인 칭의의 축복이 있습니다. 오직 칭의만이 죄를 짊어진 채로 하나님을 만난다는 두려움을 없앨 수 있습니다. 갈라디아서 3장 8절을 보겠습니다.

> 또 하나님이 이방을 믿음으로 말미암아 의로 정하실 것을 성경이 미리 알고 먼저 아브라함에게 복음을 전하되 모든 이방인이 너로 말미암아 복을 받으리라 하였느니라.

이 구절은, 성경이 아브라함을 통해 민족들에게 축복을 약속하는 이유는 하나님이 모든 이방인을 의롭게 하고자 하시기 때문임을 가르쳐 줍니다.

성경은 하나님이 이방인들을 의롭게 하시는 것을 보았기 때문에…
그러므로 성경은 아브라함을 통해 이방인들에게 축복을 약속했다.

따라서 아브라함에게 약속된 복은 칭의를 포함해야 합니다. 아마도 여러분은 창세기 12장 3절과 17장 4절의 연결을 떠올리실 것입니다. 민족들이 복을 받는 이유는 아브라함이 그들의 아버지가 되기 때문입니다. 그들은 아브라함의 자손이 됩니다. 따라서 칭의는 아브라함의 자손으로서 우리가 상속 받게 되는 복의 일부입니다. 여러분이 아브라함의 자손이라면, 여러분은 의롭다 여김을 받습니다.

여러분의 모든 죄에도 불구하고 하나님이 여러분을 의롭게 여기신다는 의미입니다. 여러분이 아브라함의 자손이라면, 여러분이 그동안 저질렀거나 또 앞으로 저지를 모든 잘못이 그리스도로 인해 용서 받았고, 하나님은 여러분의 죄 때문에 여러분을 나무라지 않으십니다. 지난 2천 년간 일어난 어떤 문화적·지적·기술적 변화도 이 칭의의 축복을 덜 필요하게 만들거나 덜 바람직하게 만들지 못했습니다. 오직 이 축복만이 죄를 짊어진 채로 무한히 거룩하신 하나님을 만난다는 두려움을 없앨 수 있습니다. 따라서 우리가 아브라함의 자손으로서 하나님께로부터 받는 첫 번째 유산은 칭의, 즉 모든 죄에 대해 무죄선고를 받는 것입니다. 이것은 다른 모든 복의 근거이기도 합니다!

성령의 약속

둘째로, 아브라함의 자손이라면 받게 될 보장된 유산은 여러분에게 영생을 보증하는 하나님의 영을 받는 것입니다. 오직 하나님의 영만이 죽음과 지옥에 대한 두려움을 없애고 영생을 소망할 수 있게 합니다. 이 점을 명백히 보여 주는 중요한 말씀이 갈라디아서에 두 군데 나오는데, 주목해서 보기 바랍니다. 갈라디아서 3장 14절은 그리스도께서 우리를 위해 저주 받으신 이유를 이렇게 설명합니다.

> 이는 그리스도 예수 안에서 아브라함의 복이 이방인에게 미치게 하고 또 우리로 하여금 믿음으로 말미암아 성령의 약속을 받게 하려 함이라.

이 구절은 이방인인 우리가 받게 되는 아브라함의 복의 일부가 성령임을 알려 줍니다. 아브라함의 자손이라는 표시 가운데 하나는 성령이 그 안에 내주하시는 것입니다(갈 2:20, 4:6, 29).

성령의 약속과 영생의 연결점은 뒤이어 갈라디아서 6장 8절에 나옵니다.

> 자기의 육체를 위하여 심는 자는 육체로부터 썩어질 것을 거두고 성령을 위하여 심는 자는 성령으로부터 영생을 거두리라.

영생이라는 수확을 거두는 유일한 근거가 성령입니다. 여러분이 육체를 위하여 심으면, 즉 이 세상에서 얻고 즐길 수 있는 것에 근거하여 살아간다면, 여러분이 거둘 수확은 부패와 죽음과 지옥입니다. 그런 삶의 태도는 성령 안에서 우리를 위해 자신을 희생하신 하나님에 대한 더할 수 없는 모욕이기 때문입니다. 하지만 여러분이 성령을 위해 심으면, 즉 여러분을 통해 그리고 여러분을 위해 그분이 하실 수 있는 일에 의지하여 살아간다면, 여러분이 거둘 수확은 영생입니다. 따라서 갈라디아서 3장 14절에서 아브라함의 자손으로서 우리가 받게 될 유산의 일부가 성령이라고 말할 때, 그것은 오직 아브라함의 자손만이 영생을 누리게 될 거라는 의미를 함축하는 것입니다. 이 사실은 죽음과 지옥에 대한 두려움을 사라지게 합니다. 죽음과 지옥에 대한 두려움은 1세기나 20세기나 실제적이고 끔찍한 두려움입니다. (주의: 창세기에는 성령이 아브라함에게 약속되었다는 점이 가시적으로 드러나 있지 않습니다. 요엘서 2장과 에스겔서 36장에서 하나님의 백성에게 성령이 약속됩니다. 바울의 가정은, 아브라함의 자손이 되게 하는 것이 무엇이든, 아브라함의 자손이라면 아브라함에게 주신 약속을 통해 하나님이 의도하셨던 바를 이룬다는 것입니다. 창세기 17장 7절을 참고하십시오.)

지금까지 우리는 아브라함의 자손이 되는 것에 대한 다섯 가지 의미를 살펴보았습니다. 첫째, 아브라함의 육체적 혈통과 같지 않다는 것입니다. 20세기를 사는 이방인도 아브라함의 자손이 될 수 있습니다. 둘째, 아브라함을 닮는다는 의미입니다. 특히 믿음의 삶에서 부모와 닮는 것을 의미합니다. 셋째, 아브라함의 자손이라면 아브라함의 복도 같이 받게 됩니다. 하나님이 아브라함의 자손에게 주신 약속의 수혜자가 됩니다. 넷째, 그 복이 의미하는 구체적인 내용으로, 여러분은 의롭다 여김을 받습니다. 즉 그리스도께서 여러분을 대신하여 죽은 것에 근거하여 하나님이 여러분의 모든 죄에 대해 무죄선고를 내리신다는 의미입니다. 마지막으로, 여러분이 아브라함의 자손이라면, 여러분을 영생으로 이끄시는 성령을 갖게 됩니다.

믿음과 아들됨

그러므로 여러분이 삶에서 가장 관심을 가져야 할 부분은 여러분이 아브라함의 자손임을 확실히 하는 것입니다. 오늘 본문이 말하는 교훈을 정리하고 그에 대한 예화를 들며 설교를 마치고자 합니다. 본문은 아브라함의 자손이 되는 유일한 길은 믿음으로 사는 것이라고 분명히 말합니다. 갈라디아서 3장 7절은 이렇게 말합니다.

> 그런즉 믿음으로 말미암은 자들은 아브라함의 자손인 줄 알지어다.

믿음의 여부는, 과거에 그런 결심을 했는지가 아니라 현재 믿음의 삶을 살고 있는지에 달려 있습니다. 아브라함의 자손은 진심을 다해 이렇게 말할 수 있어야 합니다.

> 내가 그리스도와 함께 십자가에 못 박혔나니 그런즉 이제는 내가 사는 것이 아니요 오직 내 안에 그리스도께서 사시는 것이라 이제 내가 육체 가운데 사는 것은 나를 사랑하사 나를 위하여 자기 자신을 버리신 하나님의 아들을 믿는 믿음 안에서 사는 것이라(갈 2:20).

천국을 오케스트라 홀이라 생각하고 오케스트라 연주를 하나님의 영광을 찬양하는 합주곡라고 합시다. 여러분은 그 홀에 들어가 음악을 즐기기 위한 필수조건이 믿음이라는 것을 알고 있습니다. 그런데 여러분 중에 그리스도를 믿는 것이 그저 한 번 오케스트라 홀에 들어갈 표를 구입하는 것과 같고, 비록 지금은 세상 음악에 취해 있더라도 언젠가는 주머니에서 그 표를 꺼내 홀에 들어갈 수 있다고 생각하시는 분이 있을까 두렵습니다. 성경이 말하는 '믿음으로 구원 받는다'는 개념은 그런 것이 아닙니다. 착각입니다.

믿음은 하나님의 영광을 찬양하는 합주곡을 즐기기 위한 필수조건인데, 표를 구입한다는 점에서가 아니라 천국 음악을 들을 귀를 갖는다는 점에서 그렇습니다. 영원히 천국 음악을 즐기기 위한 필수조건은 하나님의 일을 즐거워하는 새 마음이지, 여러분의 마음이 세상이 주는 즐거움에 빠져 있는 동안 양심의 가책을 덜기 위해 주머니에 넣고 다니는 결심 카드가 아닙니다. 이 사실을 명심하시기 바랍니다.

5
너희가 그리스도의 것이면
약속대로 유업을 이을 자니라

1983년 5월 1일

믿음이 오기 전에 우리는 율법 아래에 매인 바 되고 계시될 믿음의 때까지 갇혔느니라 이같이 율법이 우리를 그리스도께로 인도하는 초등교사가 되어 우리로 하여금 믿음으로 말미암아 의롭다 함을 얻게 하려 함이라 믿음이 온 후로는 우리가 초등교사 아래에 있지 아니하도다 너희가 다 믿음으로 말미암아 그리스도 예수 안에서 하나님의 아들이 되었으니 누구든지 그리스도와 합하기 위하여 세례를 받은 자는 그리스도로 옷 입었느니라 너희는 유대인이나 헬라인이나 종이나 자유인이나 남자나 여자나 다 그리스도 예수 안에서 하나이니라 너희가 그리스도의 것이면 곧 아브라함의 자손이요 약속대로 유업을 이을 자니라_ 갈 3:23-29

본문에서 바울의 생각을 네 단계로 나눠볼 수 있습니다. 첫째, 믿음이 오기 전에 이스라엘은 율법 아래에 매여 있었습니다. 율법은 초등교사 (혹은 가정교사) 역할을 하며 제약을 가하고 길을 인도했지만 약속된 유업을(갈 3:18) 줄 수 없었습니다. 둘째, 그리스도께서 오셨고 그와 함께 믿음의 큰 진보가 있었습니다. 셋째, 어떤 남자와 여자든 믿음으로(세례로 상징되는) 그리스도와 연합하면 의롭다 칭함 받고 하나님의 자녀가 되어 아브라함에게 주신 약속의 상속자가 되었습니다. 넷째, 그리스도 안에 있는 우리는 더 이상 율법 아래 있지 않습니다. 이제 이 네 단계를 차례로 살펴보겠습니다.

율법 아래에 매여 있다

첫 번째 단계는 23절과 24절에 나옵니다.

> 믿음이 오기 전에 우리는 율법 아래에 매인 바 되고 계시될 믿음의 때까지 갇혔느니라 이같이 율법이 우리를 그리스도께로 인도하는 초등교사가 되어 우리로 하여금 믿음으로 말미암아 의롭다 함을 얻게 하려 함이라.

초등교사(custodian)란 가정에 속한 종으로, 그 가정의 아들을 아기 때부터 성인이 되기 전까지 돌보는 사람입니다. 그는 아이가 외부의 제약 없이 옳은 일을 할 정도로 성숙할 때까지 그의 행동을 주관합니다. 초등교사나 가정교사나 교사는 아이의 마음을 선하게 만들 힘이 없습니다. 물론 아이가 유업을 받도록 할 수도 없습니다.

율법이 이스라엘에게 하는 역할이 바로 이와 같습니다. 율법은 방향을 제시하고 제약을 가했습니다. 성숙한 아이가 행동하는 방식을 규정했습니다. 하지만 율법은 이스라엘에게 새 마음을 주거나 유업을 줄 수 없었습니다. 그리고 히브리서 4장 2절에 따르면, 율법이 이스라엘에게 유익하지 못했던 이유는 듣는 이스라엘이 그것을 믿음과 결부시키지 않았기 때문입니다. 믿음은 율법이 규정하는 성숙의 표시이기에, 율법은 믿음이 올 때까지 이스라엘을 가두어 두었습니다. 율법은 젊은 이스라엘에게 하나님의 은혜로운 약속 안에서 믿음으로 사는 법을 가르쳤습니다(출 14:31, 민 14:11, 20:12, 신 1:32, 8:17, 9:23, 28:52, 32:37 참조). 하지만 그에 대한 이스라엘의 반응은 대체로 사춘기에 하는 반항과 같았습니다. 대부분의 이스라엘 백성이 스스로를 겸허히 낮추지 않았습니다. 그래서 율법은 이스라엘의 죄를 드러냈고, 하나님이 이스라엘 백성의 우둔한 마음을 제하고 그분을 신뢰하는 마음을 주실 때까지(렘 24:7) 그들을 제약 아래 가두어 두었습니다.

율법은 오늘날에도 이런 방식으로 일합니다. 여러분이 하나님을 신뢰하고 그분의 긍휼을 구하는 마음이 없다면, 율법이 엄한 교사에게 받는 부담스럽고 불쾌하고 하기 싫은 의무 목록처럼 느껴질 것입니다. 하지만 여러분이 하나님을 신뢰하고 그분의 긍휼에 의지하는 마음이 있다면, 율법이 현명하고 존경 받는 의사가 내린 매우 필요하고 도움이 되는 처방전처럼 느껴질 것입니다. 여러분에게 율법이 어떤 것이 되느냐는 여러분이 그 율법을 주신 분과 어떤 관계를 맺고 있는지에 따라 달라집니다. 요한일서 5장

3절은 이렇게 말합니다. "하나님을 사랑하는 것은 이것이니 우리가 그의 계명들을 지키는 것이라 그의 계명들은 무거운 것이 아니로다." 하지만 이스라엘에게 율법은 대체로 복을 얻기 위해 필요한 부담스러운 의무 목록이었습니다. 그들이 율법을 믿음과 결부시키지 않았기 때문입니다. (시편 1편과 119편이 보여 주듯이, 분명히 예외도 있었습니다.)

믿음이 왔다

바울의 생각에서 두 번째 단계는, 이제 믿음이 왔다는 것입니다. 믿음이 오는 것은 그리스도의 오심과 동시에 일어납니다. 25절은 이렇게 말합니다.

> 믿음이 온 후로는 우리가 초등교사 아래에 있지 아니하도다.

바울은 무슨 의미로 "믿음이 왔다"고 말한 것일까요? 그리스도께서 오시기 전에는 이스라엘 백성 가운데 구원 받는 믿음을 가진 사람이 한 명도 없었다는 의미라고는 생각하지 않습니다. 아브라함은 믿음이 있었습니다(갈 3:6). 그리고 시편 32편은 "일한 것이 없이 하나님께 의로 여기심을 받는 사람"을(롬 4:6-8) 묘사합니다. 히브리서 11장은 율법의 시대로부터 믿음의 조상들을 열거하고 있습니다. 따라서 바울은 그리스도께서 오시기 전에는 믿음을 가진 사람이 없었다는 뜻으로 말한 것이 아닙니다. 혹은 그리스도께서 오시기 전에는 일한 것에 근거하여 의롭다 여김을 받았다는 의미가 아닙니다. 믿음으로 의롭다 여김을 받은 사람이 늘 있었습니다. 바울은 엘리야 시대에 이런 사람이 7천 명 있었다고 말합니다(롬 11:4).

저는 이렇게 생각합니다. 바울이 "믿음이 왔다"고 말한 의미는, 하나님의 은혜로 구속 역사에서 한 시기가 도래했고, 이 시기에 수많은 사람, 특히 이방인들이 하나님의 말씀에 믿음으로 응답했다는 것입니다. "믿음이 왔다"는 것은 수많은 사람이 믿음을 갖게 되는 엄청난 움직임이 시작되었다는 의미입니다. 그들의 특징은 어린아이처럼 하나님의 긍휼을 신뢰하는 것입니다. 율법이 선포되었을 때는, 그것이 믿음과 크게 결부되지 못했습니다. 하지만 복음이 선포되자 많은 사람이 믿고 구원을 받습니다. 그러한 움직임이 전 세계로 퍼져 나갑니다. 율법은 노력해서 구원을 얻으라고 가르쳤고, 복음은 믿음으로 아무 공로 없이 구원을 얻게 된다고 가르쳤기 때문에 그렇게 된 것이 아닙니다. 결코 그렇지 않습니다. 율법이나 복음이나 구원은 믿음으로 값없이 받는 것이라고 가르칩니다. 그리고 둘 다 이러한 믿음이 진짜임을 보여 주는 증거가 순종이라고 말합니다. 복음이 수많은 사람으로 믿음을 얻게 한 반면, 율법이 사람들을 죄 안에 가두어 둔 이유는, 복음 선포가 성령의 강력한 역사와 함께 일어나면서 성령께서 듣는 사람들의 마음을 여셨기 때문입니다(행 16:14, 고후 4:6). "믿음이 왔다"는 것은 하나님이 에스겔서 36장 26-27절에서 새 마음을 주겠다고 약속하신 것을 이루셨다는 의미입니다(렘 24:7, 신 30:6).

하나님이 마음을 열고 확신을 주는 성령의 역사를 그리스도의 복음에 수반되도록 하지 않으셨다면, 복음은 율법과 마찬가지로 우리를 그저 죄 아래 가두었을 것입니다. 하지만 그것은 하나님의 계획이 아니었습니다. 그리고 하나님의 아들을 믿는 믿음 안에서 사는 여기 계신 모든 분들은 놀라운 성령의 은혜로 "믿음이 왔다"는 사실을 증명하며 살고 있습니다. 성령이 우리 마음에 내주하시어 우리를 새롭게 하셨습니다. 새롭게 하시는 은혜 없이는 우리 마음이 원래 강퍅하다는 사실을 안다면, 여러분이 신자가 된 것으로 인해 날마다 하나님께 감사하십시오.

그리스도와 연합하다

본문에서 세 번째 단계는, 그리스도를 믿는 믿음으로 인해 우리가 그분과 연합하여 그분이 주실 수 있는 모든 유익을 받는다는 것입니다. 저는 지난주 목요일에 가족들과 함께 '검은 종마'(The Black Stallion Returns)라는 영화를 보러 갔습니다. 그 영화의 내용은 이렇습니다. 알렉 램지라는 소년이 자신의 말을 되찾아오기 위해 비행기에 숨어 타고 북아프리카로 날아갑니다. 그러고는 사막을 건너다가 한 사막 종족에 대한 이야기를 듣게 되었습니다. 그 종족은 명예를 아주 소중히 여겨서, 누군가가 그들의 손님이 되고 싶다고 말하면 생명과 소유를 바쳐 보호한다는 이야기였습니다. 나중에 알렉은 심하게 다쳐서 그 사막 종족의 도움이 필요하게 되었습니다. 알렉은 그들에게 보호와 도움에 대한 대가를 지불할 수 없는 상황이었지만, 그들에 대한 이야기를 떠올리고 그들에게 손님이 되고 싶다고 말했습니다. 오직 그 이유 때문에 알렉은 그들의 보호를 받게 되었습니다. 알렉은 자신의 가치가 아니라 그들이 소중히 여기는 명예에 호소했습니다. 그래서 그는 생명을 구할 수 있었고, 자신이 하려던 일도 하게 되었습니다.

그리스도와 연합하는 것도 바로 이와 같습니다. 그리스도께 여러분의 몸을 맡기고, 그분의 영원한 손님이 되고 싶다며 말하고, 그분의 옷을 입고, 그분의 관습을 받아들이면, 이제 그분의 명예가 걸린 문제가 됩니다. 그분은 여러분을 거절하실 수 없습니다. 그분이 존귀하고 신뢰할 만한 분임을 여러분이 적극적으로 표현했기 때문에, 그분이 여러분을 내친다면 자신을 부인하는 꼴이 되고 맙니다. 따라서 그분이 가진 모든 것은 여러분의 것이 됩니다. 24절은 '의롭다 함을 얻게 하려 함이라'고 말합니다. 이것은 '모든 죄가 사면되다, 모든 죄를 용서 받다'는 뜻입니다. 그리고 26절은 아들됨에 대해 말합니다. 그리스도와 함께하는 것은 하나님의 자녀가 되어 그 관계가 함축하는 모든 놀라운 특권을 누리는 것을 의미합니다. 이것을 다른 말로 표현하면, 29절과 같이 말할 수 있습니다.

> 너희가 그리스도의 것이면 곧 아브라함의 자손이요 약속대로 유업을 이을 자니라.

바울의 생각에서는 아브라함의 자손이 되고 하나님의 자녀가 되는 것이 실질적으로 같은 것으로 표현되고 있습니다. 그리스도께 자신을 맡기며 "저는 주님의 손님이 되고 싶습니다"라고 말할 때, 여러분은 아브라함의 자손이 되고 하나님의 자녀가 되는 것입니다.

그리고 손님이 곧 가족이 되는 그리스도의 가정에서 누리는 가장 멋진 일 중 하나는, 우리가 그분의 자녀가 되고 상속자가 되는데 우리의 인종적·사회적·성적 지위가 더 이상 아무 역할을 하지 못한다는 사실입니다. 28절입니다.

> 너희는 유대인이나 헬라인이나 종이나 자유인이나 남자나 여자나 다 그리스도 예수 안에서 하나이니라.

자신이 유대인이라서 혹은 자유인이라서 혹은 남자라서 주님의 집에 거할 수 있고 더 많은 유업을 받을 것이라고 생각하는 뻔뻔스러운 손님들에게는 화가 있을 것입니다. 그리스도 안에서 유대인과 이방인은 "동일한 시민이요 하나님의 권속"입니다(엡 2:19). 주인과 종은 오직 하늘에 한 분 상전을 모시고 있으며, 그분은 편견이 없으십니다(엡 6:9). 그리고 남편과 아내는 생명의 은혜를 함께 이어받을 자입니다(벧전 3:7). 그리스도께서 우리를 그분의 보호와 보살핌 아래 두실 때 오직 믿음("제가 주님의 손님이 될 수 있겠습니까?")을 근거로 하시기 때문에 우리가 자랑할 수 있는 어떤 인종적·사회적·성적 근거도 사라지게 됩니다. 우리는 우리의 가치나 우리의 특별함이 아닌 오직 그리스도의 명예에 전적으로 의존하고 있습니다. 그리스도의 명예만큼 확실한 것은 아무것도 없습니다.

더 이상 초등교사 아래 있지 않다

마지막으로, 네 번째 단계는 간단합니다. 우리는 더 이상 초등교사, 즉 율법 아래 있지 않다는 것입니다. 이것에 대해서는 다음번에 더 자세히 살펴보려고 합니다. 단, 오늘은 이것 하나만 짚고 넘어가겠습니다. "초등교사 아래 있다" 혹은 "율법 아래 있다"는 것은 하나님의 명령을 충족시킬 힘이 없는데 하나님의 명령에 중압감을 느끼는 상태를 말합니다. 여러분은 그런 상황에서 반발하거나 아니면 자기 힘으로 어떻게든 해보려고 애쓸 것입니다. 둘 중 어느 경우든, 율법 조문은 우리를 죽이는 것이 될 것입니다(고후 3:6).

하지만 우리는 이제 더 이상 율법과 그런 관계에 있지 않습니다. 우리는 율법이라는 사다리를 타고 하늘까지 올라가려고 발버둥 치며 율법 아래 있지 않습니다. 이제 율법의 사다리는 무너지고 순종이라는 즐거운 기찻길이 되었습니다. 더 이상 율법은 우리에게 지워진 죽을 것 같은 짐이 아닙니다. 이제는 우리가 그 위에 있습니다. 어떻게 그렇게 되었습니까? 그 답이 갈라디아서 5장 18절에 나옵니다.

너희가 만일 성령의 인도하시는 바가 되면 율법 아래에 있지 아니하리라.

우리가 하나님의 약속을 신뢰할 때 성령님이 우리의 삶을 변화시켜 주십니다(갈 3:5). 그래서 우리는 하나님이 사랑하시는 것을 사랑하고 하나님이 미워하시는 것을 미워하게 됩니다. 그분의 율법은 더 이상 짐이 아니라 기쁨의 산악 철도가 됩니다.

많은 분들이 은혜라는 침대차에서 휴식을 취하며 주님의 여정을 즐거워하는 법을 배울 수 있기를 간절히 기도합니다.

2부
세계 선고 명령

6
이 우리에 들지 아니한 다른 양들

"삶을 낭비하지 말라"는 제목으로 대학에서 전한 메시지
2008년 3월 30일

현대 선교 역사를 다룬 책 가운데 제가 가장 감명 깊게 읽은 책은, 『세인트 앤드루스 칠인의 숭고한 경주』(The St. Andrews Seven)입니다. 세인트 앤드루스 대학의 토머스 차머스(Thomas Chalmers)의 삶과 가르침에 큰 영향을 받은 여섯 명의 수제자가 1820년대에 선교에 헌신함으로써 선교지에서 141년간 연합예배를 드리게 된 내용이 담긴 책입니다.

이 어린 제자들 중 가장 미래가 촉망되던 한 학생은 겨우 열여덟 살의 나이에 세상을 떠나고 말았습니다. 그의 회고록이 이미 두 권의 책으로 나와 있습니다. 대학 선교 단체의 한 강연에서 그는 이렇게 말했습니다.

하나님의 교회 안에 있는 그 어떤 부서도 선교부서보다—비록 모

두가 무시하는 부서이긴 하지만—최고의 정신적 성취를 이끌어 낼 수 없습니다.*

제가 이 책을 언급한 이유는 이 책이 제가 삶과 목회를 통해 여실히 드러내고자 하는 바를 보여 주기 때문입니다. 즉 선교에 대한 비전과 열정은 하나님의 위대하심과 세상을 향한 하나님의 숭고한 계획이라는 비전을 통해 나올 수 있고 또 나와야 한다는 것을 역사적으로 보여 주기 때문입니다.

세인트 앤드루스 대학생들은 현대 선교 2세대에 속합니다. 선교 1세대에서도 이와 같은 현상이 있었습니다. 현대 선교의 아버지라 할 수 있는 윌리엄 캐리(William Carey)의 인생에서 그 한 예를 들어 보겠습니다. 윌리엄 캐리는 인도에서 40년을 살면서 한 번도 고국으로 휴가를 가지 않았습니다.

이 책에서 캐리는 인도에 간 지 4년이 흐른 1797년, 브라만 계급의 한 사람과 만난 이야기를 우리에게 들려줍니다. 캐리는 사도행전 14장 16절과 17장 30절을 설교하면서, 하나님이 예전에는 모든 사람이 자기 마음대로 행하도록 허락하셨지만 이제는 모든 사람에게 회개를 명령하신다고 전했습니다. 그러자 그 브라만은 이런 반응을 보였습니다. "내 생각에는 하나님이 우리에게 복음

---

* Stuart Piggin and John Roxborogh, *The St. Andrews Seven*(Edinburgh: Banner of Truth Trust, 1985), p.53. (「세인트 앤드루스 칠인의 숭고한 경주」 SFC출판부)

을 좀 더 빨리 보내지 않은 것에 대해 회개하셔야 할 것 같소."

깊은 성경적 교리가 절실히 요구되는 순간입니다. 쉽게 반박할 수 있는 말이 아닙니다. 캐리가 그에게 뭐라고 답했는지 들어 보고, 여러분도 그 브라만과 같은 생각을 한 적이 있는지 돌아보기 바랍니다.

한 왕국이 있는데, 왕이 실재함에도 불구하고 대적들에게 오랫동안 침략을 당했다고 가정해 봅시다. 왕은 대적을 무찌를 힘이 있었지만, 대적들이 더 번성하여 세력을 떨치도록 그들을 참아 냅니다. 마침내 그들을 쳐부술 때 왕의 용기와 지혜가 뚜렷하게 드러나도록 하기 위해서입니다. 처음부터 대적이 쳐들어오지 못하게 막았다면, 왕의 용기와 지혜가 뚜렷하게 드러나지 않았을 것입니다. 이와 마찬가지로 복음의 빛이 스며들어 옴으로써 하나님의 지혜와 능력, 은혜가 이 땅에 깊이 뿌리내린 우상숭배를 이겨 내고 온 땅에 만연한 온갖 어둠과 악을 파괴할 때 훨씬 더 뚜렷하게 드러날 것입니다. 모든 사람이 그토록 오랜 세월 동안 자기 멋대로 행하며 고통 받지 않았더라면, 하나님의 지혜와 능력, 은혜가 그토록 뚜렷하게 드러나지 못했을 것입니다.*

---

* Tom Wells, *A Vision for Missions*(Edinburgh: Banner of Truth Trust, 1985), pp.12-13. (「선교를 위한 비전」 SFC출판부)

이 얼마나 멋진 대답입니까! 불신의 시대에 이교도의 나라에서 복음이 승리할 때 하나님의 영광은 더욱 높아집니다. 이것이 바로 전능하신 하나님이 민족들을 통치하시는 방식입니다. 캐리는 하나님이 단지 고집스럽고 순종하지 않는 자기 백성들 때문에 인도에 복음을 좀 더 빨리 전할 수 없었다고 대답하지 않았습니다. 그런 무능력은 하나님의 이름에 전혀 어울리지 않는다는 것을 알고 있었습니다.

그래서 현대 선교 운동은 강한 교리적 헌신의 분위기에서 출발했습니다. 미국의 위대한 목회자이자 신학자인 조나단 에드워즈의 공이 컸습니다. 에드워즈는 젊은 뉴잉글랜드 선교사의 전기문 「데이비드 브레이너드 생애와 일기」(The Life of David Brainerd)를 썼는데, 캐리는 이 책에 깊은 영향을 받았습니다. 캐리는 인도로 가는 배 안에서, 40년 전에 하나님 품에 안긴 조나단 에드워즈의 설교를 읽으며 마음을 달랬다고 합니다. 예를 들어, 1793년 6월 24일 일기에 이렇게 적고 있습니다.

바다 위로 물고기 떼가 뛰어오르는 것을 보았다. 벵갈어로 글을 쓰기 시작했고, 에드워즈의 설교와 쿠퍼의 시를 읽었다. 마음이 고요하고 평안해진다….

에드워즈와 캐리의 신학의 핵심은 하나님 중심성과 하나님의 주권적인 은혜를 찬양하는 것입니다. 현대 선교는 삶과 설교에서 명백하게 교리적인 영국 목회자들을 중심으로 시작되었습니다. 앤드루 풀러(Andrew Fuller), 사무엘 피어스(Samuel Pearce), 존 서클리프(John Sutcliffe), 윌리엄 캐리 같은 이들입니다. 몇 안 되는 이들을 통해 1700년대 후반 현대 선교 운동이 시작되었습니다.

하나님의 주권적인 관점을 가진 그들은 "하늘과 땅의 모든 권세를 내게 주셨으니 그러므로 너희는 가서 모든 민족을 제자로 삼아…"라고(마 28:18-19) 말씀하신 부활하신 그리스도를 대변하여 열방을 향해 담대히 나아갔습니다. 현대 선교 운동은 하나님의 주권과 예수 그리스도의 전 세계적 권위를 인정하는 이런 놀라운 관점에서 태동했습니다.

나중에는 데이비드 리빙스턴(David Livingstone), 아도니람 저드슨(Adoniram Judson), 알렉산더 더프(Alexander Duff), 존 페이튼(John Paton) 같은 이들도 동일한 비전을 품게 되었습니다. 그들은 성경적 기독교의 역사적 교리들을 사랑했습니다.

저는 그들이 하나님에 대해 가졌던 관점을 좋아합니다. 이러한 관점이야말로 성경이 말하는 바이고, 하나님은 위대한 분이시기 때문입니다. 저는 하나님의 위엄과 영광, 그분의 절대적인 권위와 능력이 어떻게 제 안에서 세계 선교를 향한 열정을 일깨웠고 지속시키는지를 보여 드리려고 합니다. 세계 선교를 향한 열정이란, 하나님의 아들 예수 그리스도께서 이 땅에 오셨고, 죄책감과 죄의 저주를 없애려고 우리 대신 죽으셨고, 그분의 이름을 믿는 모든 사람에게 영생과 기쁨을 주시기 위해 죽음을 이기고 살아나셨다는 복음을 전 세계 모든 사람에게 전하려는 열정입니다.

이를 위해 요한복음 10장 16절을 살펴보겠습니다. 예수님은 이렇게 말씀하십니다.

> 또 이 우리에 들지 아니한 다른 양들이 내게 있어 내가 인도하여야 할 터이니 그들도 내 음성을 듣고 한 무리가 되어 한 목자에게 있으리라.

이 말씀은 요한복음에 있는 위대한 선교 본문입니다. 우리가 그리스도께서 선교에 대해 약속하신 내용을 이해하기 위해서는 요한복음 10장의 맥락에서 적어도 여섯 가지를 살펴봐야 합니다.

그리스도의 선교 약속에서 살펴봐야 할 여섯 가지

1. 예수님은 자신을 목자로 부르신다.
11절: "나는 선한 목자라."
14절: "나는 선한 목자라."

이스라엘 백성은 하나님의 양입니다. 16절에서 예수님이 "이 우리에 들지 아니한 다른 양들", 즉 이방인 회심자들을 언급하기 때문입니다. 여기서 두 번째 관찰로 이어집니다.

2. 어떤 양은 그리스도의 것이고 어떤 양은 아니다.
3-4절: "…그가 자기 양의 이름을 각각 불러 인도하여 내느니라 자기 양을 다 내놓은 후에 앞서 가면 양들이 그의 음성을 아는 고로 따라오되."
14절: "나는 선한 목자라 나는 내 양을 알고 양도 나를 아는 것이."

다른 말로 하면, 이스라엘 백성이 모두 그리스도께 속한 것은 아니라는 것입니다. 어떤 사람은 그분의 양이지만 또 다른 사람은 아닙니다.

3. 예수님이 어떤 양을 자기 양이라고 부를 수 있는 것은, 하나님 아버지께서 그들을 아들에게 주셨기 때문이다.
29절: "그들을 주신 내 아버지는 만물보다 크시매 아무도 아버지 손에서 빼앗을 수 없느니라."

예수님은 "선민사상"(the doctrine of election)을 이런 식으로 표현하신 것입니다. 하나님은 한 민족을 그분의 것으로 선택하셨습니다. 그들은 하나님의 양입니다. 그리고 하나님은 그들을 아들에게 주시고, 그들이 아들을 믿음으로 구원 받을 수 있게 하셨습니다. 이 내용은 요한복음 17장 6절에서 분명히 볼 수 있는데, 예수님은 아버지께 이렇게 말합니다.

> 세상 중에서 내게 주신 사람들에게 내가 아버지의 이름을 나타내었나이다 그들은 아버지의 것이었는데 내게 주셨으며 그들은 아버지의 말씀을 지키었나이다.

그리고 요한복음 6장 37절에서도 볼 수 있습니다.

> 아버지께서 내게 주시는 자는 다 내게로 올 것이요 내게 오는 자는 내가 결코 내쫓지 아니하리라.

그래서 예수님은 이스라엘 무리 가운데 어떤 양들은 자기 것이라고 분명히 말씀하실 수 있습니다. 그들은 예수님께 나오기 전, 예수님을 믿기 전에 먼저 아버지께 속했던 자들이기 때문입니다. 아버지께서 친히 그들을 선택하셨고("그들은 아버지의 것이었는데"), 그 후에 그 아들에게 주셨습니다("내게 주셨으며", 6:39, 44, 65, 17:9, 24, 18:9 참조).

4. 예수님은 자기 양을 알기에 그들의 이름을 부를 수 있고, 그들은 이미 예수님의 것이기에 예수님을 따른다.

3-4절: "…그가 자기 양의 이름을 각각 불러 인도하여 내느니라 자기 양을 다 내놓은 후에 앞서 가면 양들이 그의 음성을 아는 고로 따라오되."

27절: "내 양은 내 음성을 들으며 나는 그들을 알며 그들은 나를 따르느니라."

이 구절들의 핵심을 볼 수 있어야 합니다. 핵심은 바로 그리스도의 양이라면 그분의 부르심에 응답한다는 것입니다. 그 반대가 아닙니다. 즉 그분의 부르심에 응답한다고 해서 그분의 양이 되는 것이 아니라는 말입니다. 여러분이 그분의 음성을 듣고 안다면, 여러분은 이미 그분의 양입니다. 즉 아버지께 택함 받은 것입니다. 여러분이 예수님께 나아온 것은 아버지께서 여러분을 그 아들에게 주셨기 때문입니다(요 6:44, 65).

이것이 이 장에서 가장 놀라운 점입니다. 자기만족적이고 믿지 않는 사람들에게는 상당히 공격적으로 들릴 수도 있습니다. 그들은 우리의 구원을 결정하는 것은 자기 능력에 달려 있다고 생각하기 때문입니다. 26절을 주의 깊게 들어 보십시오.

너희가 내 양이 아니므로 믿지 아니하는도다.

불신앙의 마지막 자존심은 이 선민사상에서 무너지고 맙니다. 하나님은 택하신 자들을 아들에게 주셨고, 하나님이 주신 자들의 이름을 아들도 불렀으며, 아들이 이름을 부른 자들은 그의 목소리를 듣고 믿습니다.

5. 하지만 예수님이 자기 양을 위해 하는 일은 이것만이 아니다.

11절: "나는 선한 목자라 선한 목자는 양들을 위하여 목숨을 버리거니와."

14-15절: "나는 선한 목자라 나는 내 양을 알고 양도 나를 아는 것이 아버지께서 나를 아시고 내가 아버지를 아는 것 같으니 나는 양을 위하여 목숨을 버리노라."

바울의 말을 다른 식으로 표현하면,
- 아버지께서 자기 양으로 삼으셨던 자들을 아들에게도 주셨다.
- 아버지께서 아들에게 주셨던 자들을 아들도 불렀다.
- 아들이 양을 위해 목숨을 바침으로써 그 부른 자들도 의롭다 하셨다.

6. 이러한 희생에 근거하여 예수님은 자기 양에게 영생을 주고 그 영생은 절대로 빼앗길 수 없다.

27-30절: "내 양은 내 음성을 들으며 나는 그들을 알며 그들은 나를 따르느니라 내가 그들에게 영생을 주노니 영원히 멸망하지 아

니할 것이요 또 그들을 내 손에서 빼앗을 자가 없느니라 그들을 주신 내 아버지는 만물보다 크시매 아무도 아버지 손에서 빼앗을 수 없느니라 나와 아버지는 하나이니라 하신대."

다른 말로 하면,
- 아버지께서 직접 택하신 자들을 아들에게도 주셨고,
- 아버지께서 아들에게 준 자들의 이름을 아들도 불렀고,
- 아들이 이름을 부른 자들을 위해 목숨도 주었고,
- 아들이 위하여 죽은 자들에게 영생을 주었고, 그 영생은 절대로 빼앗길 수 없다.

우리가 요한복음 10장에서 보게 되는 그림은 자기 양을 주권적으로 구원하시는 위대한 목자입니다.
- 아버지께서는 그들을 아들에게 주신다.
- 아들은 그들을 위해 죽는다.
- 아들은 그들의 이름을 부른다.
- 아들은 그들에게 영생을 준다.
- 아들은 그들을 영원히 안전하게 지킨다.

우리는 정말 굉장한 구원을 받았습니다! 이 얼마나 위대한 구원자이십니까!

그리고 이제 우리에게 큰 위험이 닥쳐옵니다. 사탄은 모든 위

대한 진리를 가져다가 그럴듯하게 왜곡시킵니다. 사탄은 윌리엄 캐리 때에도 그렇게 했습니다. 어떤 그리스도인들은 우리의 힘이 아니라 하나님의 주권적인 은혜로 받기 때문에 우리의 자만심을 철저히 깨뜨리는 이 구원 교리를 가져다가 몇몇 선택된 소수만이 누리는 엘리트 교리로 왜곡시켜 버렸습니다. 세계 열방을 품어야 하는 짐은 빼 버리고 몇몇 소수가 누리는 개인적인 위로로 전락시켜 버렸습니다.

하지만 긍휼하신 하나님은 그분의 구원은 지상의 어떤 한 그룹만 누리는 특권이 아님을 거듭거듭 자기 종들을 통해 분명히 밝히셨습니다.

유대인 제자들이 그들만이 선택된 아브라함의 진짜 후손이라고 느끼기 시작하자, 예수님은 요한복음 10장 16절에서 이렇게 강조하십니다. "또 이 우리에 들지 아니한 다른 양들이 내게 있어." 즉 이방인들을 말합니다.

초기 미국 청교도들이 뉴잉글랜드에서 새 이스라엘로서의 자신들의 "선택된" 지위를 고착시키려고 하자, 예수님은 존 엘리엇(John Eliot)을 통해 이렇게 말씀하셨습니다. "또 이 청교도 우리에 들지 아니한 다른 양들이 내게 있어." 즉 알곤킨 인디언들을 말합니다. 그로부터 백년 후에는 데이비드 브레이너드를 통해 이렇게 말씀하셨습니다. "또 이 회중에 들지 아니한 다른 양들이 내게 있어." 즉 서스케하나 강 지역을 말합니다.

영국 내 특정 침례교도들이 하이퍼 칼빈주의(hyper-Calvinism)라는 비성경적 가르침에 얼어붙어 있을 때, 예수님은 윌리엄 캐리를 통해 이렇게 말씀하십니다. "또 이 영국이라는 우리에 들지 아니한 다른 양들이 내게 있어." 즉 인도를 말합니다.

선교단체와 교회들이 해안 지역 선교에 성공한 것으로 만족하려 하자, 예수님은 허드슨 테일러(Hudson Taylor)를 독려하여 이렇게 말씀하셨습니다. "또 이 해안 지역에 들지 아니한 다른 양들이 내게 있어." 즉 중국 내륙을 말합니다. 그리고 데이비드 리빙스턴에게는 중앙 아프리카를 말씀하셨습니다.

그리고 모든 서구 기독교가 20세기 들어 전 세계에 복음이 전파되었다고 만족하기 시작하자, 예수님은 국제 위클리프성경번역선교회(Wycliffe Bible Translators) 창시자인 카메론 타운젠드(Cameron Townsend)에게 오셔서 이렇게 말씀하셨습니다. "또 이 눈에 보이는 세계에 들지 아니한 다른 양들이 내게 있어." 즉 세상에 드러나지 않은 숨겨진 종족을 말합니다. 모국어로 된 성경이 없는 종족이 수천 개가 넘습니다.

요한복음에서 가장 중요한 선교 본문은 10장 16절입니다. "또 이 우리에 들지 아니한 다른 양들이 내게 있어." 우리가 현상황에 만족하려고 할 때마다 이 말씀은 우리가 앉아 있는 성도석을 가시방석으로 만듭니다. 선교 단체들이 10개나 11개 지역에 교회를 개척한 것으로 만족하려고 할 때마다 이 말씀은 소집 나팔 역할을 합니다. "또 아직 복음을 듣지 못한 수천 명의 양들이 내게 있어."

하지만 이 구절은 단순히 우리의 양심을 찌르기만 하지 않습니다. 이 말씀에는 소망과 능력이 가득합니다. 우리가 끝까지 선교해야 하는 넓고 깊은 근거가 바로 이 말씀에 있습니다. 그래서 이제 이 말씀에서 우리가 확신을 가지고 선교를 꿈꾸고 계획하며 시도해야 할 네 가지 이유를 살펴보려고 합니다.

우리가 확신을 가지고 선교해야 하는 네 가지 이유

1. 그리스도께서는 이미 회심한 사람들 외에도 다른 양들을 갖고 계신다. 즉 우리 외에도 그리스도께 속한 사람들이 있다.

"또 이 우리에 들지 아니한 다른 양들이 내게 있어." 이 문맥에서 예수님은 이스라엘 밖에 자기 양들이 있다고 말씀하신 것입니다. 이것은 오늘날 교회 밖에 그리스도의 양들이 있다는 것을 의미합니다. 그들은 아버지께 속했습니다. 선민사상과 예정설이 선교를 무의미하게 만든다고 주장하는 사람들은 늘 존재했습니다. 하지만 그런 주장은 언제나 틀립니다. 선민사상이 선교를 무의미하게 만들지 않습니다. 오히려 선교를 가능하게 합니다.

국제 기독학생회(Inter-Varsity) 전 대표로 섬긴 존 알렉산더(John Alexander)가 1967년 어바나 선교대회에서 질의응답 시간에 했던 말이 기억납니다.

제가 처음 선교사역을 시작할 당시에는 만약 예정설이 사실이라면 저는 선교사가 될 수 없다고 말했습니다. 하지만 지난 20년간 인간의 굳은 마음과 씨름하면서 내린 결론은, 예정설을 믿지 않았다면 제가 결코 선교사가 될 수 없었을 거라는 사실입니다.

그리스도께서 열방 가운데 그분의 사람들을 갖고 계신다는 사실은 희망을 줍니다. "또 다른 양들이 내게 있어."
고린도에서 낙심해 있던 사도 바울에게 용기를 준 것도 바로 이 진리였습니다.

밤에 주께서 환상 가운데 바울에게 말씀하시되 두려워하지 말며 침묵하지 말고 말하라 내가 너와 함께 있으매 어떤 사람도 너를 대적하여 해롭게 할 자가 없을 것이니 이는 이 성중에 내 백성이 많음이라 하시더라(행 18:9-10).

"또 이 우리에 들지 아니한 다른 양들이 내게 있어." 이 성경구절은 새로운 선교지를 개척하고자 꿈꾸는 사람들에게 소망을 주는 약속의 말씀입니다.

2. 이 구절은 그리스도께 속한 "다른 양들"이 우리 밖에 흩어져 있음을 함축한다.

이 점은 요한복음 11장 51-52절에 명시적으로 드러나 있습니다. 여기서 요한은 대제사장 가야바의 예언을 설명합니다.

> 이 말은 스스로 함이 아니요 그 해의 대제사장이므로 예수께서 그 민족을 위하시고 또 그 민족만 위할 뿐 아니라 흩어진 하나님의 자녀를 모아 하나가 되게 하기 위하여 죽으실 것을 미리 말함이러라.

사도 요한에게 세계 복음화란 하나님의 자녀, 즉 하나님이 택하시고 아들에게 주려고 작정한 양들을 모으는 것입니다. 그리고 그들이 흩어져 있다는 사실은 선교 전략적인 면에서 우리에게 용기를 줍니다. 그들은 한두 지역에 밀집해 있지 않고, 전역에 흩어져 있습니다. 요한은 요한계시록에서 이 점을 이렇게 표현했습니다.

> 일찍이 죽임을 당하사 각 족속과 방언과 백성과 나라 가운데에서 사람들을 피로 사서 하나님께 드리시고(5:9).

오늘날 세세의 미전도 종족에 복음을 전하는 것이 전적으로 성경적인 이유가 바로 이것입니다. 그래서 우리는 하나님 말씀의 권위에 의지하여, 세계 열방에서 아버지께 속한 자들을 만나게 되리라고 확신할 수 있습니다. 이것은 우리가 개척 선교에 뛰어들고 세계의 미전도 종족에게 나아가도록 크게 격려합니다.

3. 주님은 잃어버린 자기 양들을 집으로 데려오겠다고 약속하셨다.

예수님은 그 일을 하겠다고 약속하셨습니다. "또 이 우리에 들지 아니한 다른 양들이 내게 있어, 내가 반드시 그들을 데려오겠다." 예수님은 그들을 데려오실 것입니다.

윌리엄 캐리가 활동하던 당시 하이퍼 칼빈주의에 물든 몇몇 사람은 선교사를 보내는 방식으로 그리스도께서 자기 양들을 모으는 것이 아니라고 주장했습니다. 그런데 그들의 주장은 틀렸습니다! 예수님은 요한복음 17장 18절에서 이렇게 말씀하십니다.

> 아버지께서 나를 세상에 보내신 것같이 나도 그들을 세상에 보내었고.

우리는 그리스도의 선교를 이어서 하고 있습니다. 그래서 예수님은 요한복음 17장 20절에서 이렇게 기도하십니다.

> 내가 비옵는 것은 이 사람들[그의 제자들]만 위함이 아니요 또 그들의 말로 말미암아 나를 믿는 사람들도 위함이니.

다른 말로 하면, 예수님이 팔레스타인에서 그분의 양들을 직접 부르셨던 것처럼, 오늘날에도 여전히 예수님은 우리 입술을 통해 그분의 양들을 부르시며, 그들은 그분의 음성을 듣고 따른다는 것입니다(요일 4:6 참조). 예수님은 그렇게 하십니다. 하지만 우리를 통해서 그렇게 하십니다!

이것이 복음의 신비입니다. 성령의 능력 안에서 복음이 진실하게 선포될 때, 그것은 단순히 인간의 말이 아닙니다. 그것은 하나님의 말씀입니다(살전 2:13).

다른 말로 하면, 오늘날에도 예수님 당시처럼 선교한다는 의미입니다. "내 양은 내 음성을 들으며 나는 그들을 알며 그들은 나를 따르느니라"(요 10:27). 복음을 통해 부르시는 분은 예수님이십니다. 그리스도께서 모으십니다. "내가 이 반석 위에 내 교회를 세우리니"(마 16:18). 우리는 단지 그분의 대사입니다. 바울은 로마서 15장 18절에서 이렇게 말합니다.

> 그리스도께서 이방인들을 순종하게 하기 위하여 나를 통하여 역사하신 것 외에는 내가 감히 말하지 아니하노라.

그래서 우리는 용기를 내어 "하늘과 땅의 모든 권세를 내게 주셨으니"라고(마 28:18) 말할 수 있고, 예수님은 "내 다른 양들을 데려올 것이다"라고 선포하십니다. 예수님은 반드시 그렇게 하실 것입니다.

이것이 요한복음 10장 16절이 함축하는 마지막 소망의 말입니다.

4. 예수님이 데리러 오시면 그들은 올 것이다!

또 이 우리에 들지 아니한 다른 양들이 내게 있어 내가 인도하여야 할 터이니 그들도 내 음성을 듣고(요 10:16).

그리스도의 양 중에는 그분의 말씀을 거역할 양이 없습니다. 또한 그분의 말씀을 듣지 않고 믿을 양도 없습니다! 척박하고 냉담한 선교지에서 계속 사역할 수 있는 것은, 하나님이 통치하신다는 확신과 더불어 아버지께서 택하신 자들은 반드시 아들의 음성을 들을 것이라는 확신 때문입니다.

1867년에 태어나서 국제 아프리카내지선교회(African Inland Mission)를 창립한 피터 카메론 스콧(Peter Cameron Scott)의 이야기를 하면서 설교를 마치고자 합니다. 그는 아프리카를 섬기려고 애썼지만 말라리아에 걸리는 바람에 고국으로 돌아올 수밖에 없었습니다. 아프리카를 섬기려는 두 번째 시도는 그의 동생 존이 합류하는 바람에 즐거웠지만 존이 열병으로 사망하자 그 기쁨은 사라져 버렸습니다. 스콧은 홀로 동생을 묻고 그 무덤 앞에서 복음 전도에 대한 헌신을 재다짐했습니다. 하지만 또 다시 건강이

나빠졌고, 완전히 실망하여 영국으로 돌아올 수밖에 없었습니다.

그런데 런던에서 아주 놀라운 일이 생겼습니다. 루스 터커(Ruth Tucker)가 쓴 「선교사 열전」(From Jerusalem to Irian Jaya)에 그 내용이 나옵니다. 여러분 모두 이 책을 읽어 보기 바랍니다.

그는 새로운 영감의 원천이 필요했고 웨스트민스터 사원에 있는 한 무덤에서 그것을 발견했다. 그 무덤에는 수많은 아프리카 선교사들에게 영감을 주었던 한 남자가 잠들어 있었다. 스콧이 겸허한 마음으로 무릎을 꿇고 비문을 읽는데, 데이비드 리빙스턴의 영혼이 그를 강하게 도전하는 것 같았다.

"또 이 우리에 들지 아니한 다른 양들이 내게 있어 내가 인도하여야 할 터이니."

스콧은 다시 아프리카로 돌아가 이 위대한 인물의 삶과 죽음의 이유였던 그 목적을 위해 필요하다면 목숨까지 바치고자 결심했다.*

저는 하나님이 세계를 향한 여러분의 비전의 성경적 기초를 더 깊고 넓게 해주시기를 기도합니다. 하나님이 우리의 눈을 열어

---

* Ruth Tucker, *From Jerusalem to Irian Jaya* (Grand Rapids: Zondervan, 1983), p.301. (「선교사 열전」 크리스챤다이제스트사)

주셔서 희어져 추수하게 된 들판뿐 아니라 하나님의 주권적인 은혜의 위엄과 광채와 영광을 볼 수 있기를 간절히 바랍니다.

그리고 하나님이 친히 모든 족속과 방언과 백성과 나라로부터 구속한 자들을 모으실 거라는 강한 확신을 가지고 우리가 모든 장애물과 낙심을 이겨 낼 수 있기를 소망합니다. "또 이 우리에 들지 아니한 다른 양들이 내게 있어 내가 인도하여야 할 터이니 그들도 내 음성을 듣고!" 마침내 모두가 듣고 믿을 때 종말이 올 것입니다. 이 땅의 왕국들이 우리 하나님과 그리스도의 왕국이 될 것입니다. 여러분의 삶을 낭비하지 마십시오. 입술을 열어 주권자이신 목자의 목소리가 되기 바랍니다.

7

모든 사람을 위한 그리스도의
측량할 수 없는 풍성함

2004년 10월 24일

이러므로 그리스도 예수의 일로 너희 이방인을 위하여 갇힌 자 된 나 바울이 말하거니와 너희를 위하여 내게 주신 하나님의 그 은혜의 경륜을 너희가 들었을 터이라 곧 계시로 내게 비밀을 알게 하신 것은 내가 먼저 간단히 기록함과 같으니 그것을 읽으면 내가 그리스도의 비밀을 깨달은 것을 너희가 알 수 있으리라 이제 그의 거룩한 사도들과 선지자들에게 성령으로 나타내신 것같이 다른 세대에서는 사람의 아들들에게 알리지 아니하셨으니 이는 이방인들이 복음으로 말미암아 그리스도 예수 안에서 함께 상속자가 되고 함께 지체가 되고 함께 약속에 참여하는 자가 됨이라 이 복음을 위하여 그의 능력이 역사하시는 대로 내게 주신 하나님의 은혜의 선물을 따라 내가 일꾼이 되었노라 모든 성도 중에 지극히 작은 자보다 더 작은 나에게 이 은혜를 주신 것은 측량할 수 없는 그리스도의 풍성함을 이방인에게 전하게 하시고 영원부터 만물을 창조하신 하나님 속에 감추어졌던 비밀의 경륜이 어떠한 것을 드러내려 하심이라 이는 이제 교회로 말미암아 하늘에 있는 통치자들과 권세들에게 하나님의 각종 지혜를 알게 하려 하심이니 곧 영원부터 우리 주 그리스도 예수 안에서 예정하신 뜻대로 하신 것이라 우리가 그 안에서 그를 믿음으로 말미암아 담대함과 확신을 가지고 하나님께 나아감을 얻느니라 그러므로 너희에게 구하노니 너희를 위한 나의 여러 환난에 대하여 낙심하지 말라 이는 너희의 영광이니라_ 엡 3:1-13

에베소서 3장 8-10절에 초점을 맞추어 본문을 살펴보겠습니다.

선교에 대한 거시적 관점에서 미시적 관점으로, 또는 선교에 대한 가장 큰 그림에서 가장 작은 그림으로, 또는 선교에 대한 가장 위대한 목적에서 이 목적을 달성하기 위한 세 단계로 이어지는 작은 수단들 순으로 본문을 살펴보려고 합니다.

네 단계

이를 위해 본문을 네 단계로 나누어 보겠습니다. 먼저는 하늘에 있는 통치자들과 권세들에게 하나님의 각종 지혜를 알게 하십니다(10절). 둘째, 이러한 지혜를 보여 주시기 위해 하나님은 교회를 수단으로 삼으십니다. 즉 세계 열방에서 하나님의 백성들을 모으십니다(10절 상). 셋째, 이렇게 교회를 모으기 위해 세계 열방 가운데 그리스도의 측량할 수 없는 풍성함을 전하게 하십니다(8절). 마지막으로, 성도 중에 지극히 작은 자보다 더 작은, 즉 여러분과 저 같은 사람을 이러한 복음을 전하는 수단으로 사용하십니다(8절).

우리는 천사들의 세계에 하나님의 위대한 지혜를 보여 주는 것으로 시작하여, 열방에서 교회를 모으는 것으로, 단순하고 죄인이자 성도인 사람들(sinner-saints)에게 그리스도의 풍성함이라는 복음을 전하는 것으로, 그리고 복음을 전하는 자들은 오직 은혜로 살고 사역하는 선교사들이라는 점을 차례로 살펴보려고 합니다.

이러한 순서로 살펴보려고 하는 이유는, 여러분에 대한 이야기를 하면서 설교를 마치고 싶어서입니다. 선교사역을 마치는 것은 하나님이 아니십니다. 하나님은 우리에게 모든 민족을 제자로 삼으러 가라고 말씀하시며 이렇게 덧붙이셨습니다. "내가 세상 끝날까지 너희와 항상 함께 있으리라." 이 약속은 예수님이 오실 때까지 유효합니다. 이 지상명령은 예수님이 오실 때까지 우리에게 주어진 것이기 때문입니다. 이제 여러분과 제가 개인적으로 직면하게 되는 질문은 이것입니다. "그리스도의 풍성한 복음을 미전도 종족에게 전하라는 지상명령에서 우리가 감당해야 할 역할은 무엇인가?"

제가 오늘 설교에서 말씀드리고자 하는 것이 바로 이것입니다. 저는 여러분이 하나님께서 여러분의 삶을 타문화 선교를 향해 이끄신다는 사실을 깨닫고 확신과 용기를 얻기 바랍니다. 그리고 예배 말미에는 여러분을 강단 앞으로 초청하여 기도해 드리고, 우리 교회 선교부에서 준비한 카드를 하나씩 드리려고 합니다. 그 카드에는 선교에 동참하는 방법이 자세히 소개되어 있습니다. 저는 여러분이 성급하게 결단하지 않기를 바랍니다. 기도하시고 충분히 심사숙고한 후에 결단하시면 좋겠습니다. 그런 의미에서 함께 기도하기를 원합니다. 하나님이 여러분의 삶을 이끄심을 깨닫고 여러분이 확신과 용기를 얻도록 기도합니다.

네 단계의 그림

이제 이 네 단계를 그림으로 표현해 보려고 합니다. 하나님의 각종 지혜 보여 주기(10절 하)부터 전 세계에서 하나님의 교회 모으기(10절 상), 그리스도의 측량할 수 없는 풍성함 전하기(8절 하), 하나님의 평범한 선교사들의 섬김(8절 상)까지 역순으로 본문을 살펴보려고 한다는 점을 기억하십시오.

위대하고 지혜로운 한 화가가 거대한 캔버스에 그림을 그리는 모습을 떠올려 보십시오. 붓이 아주 많은데, 대부분 평범하고 지저분합니다. 화가는 하나님이시기에 여러분은 그 모습을 볼 수 없습니다. 하나님은 눈에 보이지 않습니다. 그러나 하나님은 그 그림에 그분의 지혜를 가시적으로 드러내시고자 합니다. 하나님은 사람들이 그분을 볼 수 없다는 사실을 아시지만, 그분의 지혜가 사람들에게 드러나고 존경 받기를 원하십니다. 그분의 캔버스는 거대합니다. 창조된 우주만한 크기입니다. 여러분이 캔버스 안에 있으니 캔버스 전체를 보려는 상상이 실제로 어렵다는 것을 저도 알고 있습니다. 하지만 최선을 다해 보십시오. 하나님이 수십억 가지 색깔과 음영과 재질로 그림을 그리고 계십니다. 이 그림은 우주만큼 거대하고, 창조만큼 오래되었고, 영원만큼 지속됩니다. 우리는 이 그림을 "역사"라고 부르는데, 그 중심 드라마는 예수 그리스도의 사역과 구원, 교회를 세우신 일입니다. 그리고 하나님은 수천 개의 다른 붓을 사용하시는데, 대부분 아주 평범하고 아주 작습니다. 이 그림에서는 화가의 지혜를 드러내는 모든 세부 표현이 중요하기 때문입니다. 이 붓들은 하나님의 선교사들입니다.

바로 이런 그림입니다. 제가 이런 그림을 그려 보라고 한 이유를 본문에서 찾을 수 있습니다. 10절에 나오는 "각종"이라는 단어입니다.

> 이는 이제 교회로 말미암아 하늘에 있는 통치자들과 권세들에게 하나님의 각종 지혜를 알게 하려 하심이니.

"각종"이라는 단어에 해당하는 헬라어 *polupoikilos*는 성경에서 여기에만 나옵니다. 아주 드문 경우입니다. '다양한 색으로 짜여 있다'는 뜻을 가진 *poikilos*는 '다각적인, 복잡한, 복합적인, 섬세한'이라는 의미로 사용됩니다. 기본적으로 다양한 색깔을 표현합니다. 그리고 바울은 이 단어 앞에 '많은'이라는 의미를 가진 접두사 *polu*를 붙입니다. 그래서 매우 많은 색깔, 변화, 복잡함, 섬세함을 강조하고 있습니다. 따라서 이 단어가 본문에 나오기 때문에, 하나님의 지혜를 측량할 수 없는 색깔과 음영과 재질로 그려진 우주만한 크기의 그림으로 생각해 보라고 한 것입니다. 측량할 수 없이 복잡한 그림입니다.

1. 하나님의 각종 지혜 보여 주기(10절 하)

이제 네 단계로 돌아가, 10절에 나오는 역사와 선교의 위대한 목적부터 살펴보겠습니다. "…이는 이제(so that)…." "이는 이제"라는 말을 통해 선교와 교회를 향한 하나님의 목적과 목표가 이제 드러남을 알 수 있습니다. 그리스도의 풍성함이 이방인들과 민족들에게 선포되고 열방으로부터 교회가 모이고 있습니다.

> 이는 이제 교회로 말미암아 하늘에 있는 통치자들과 권세들에게 하나님의 각종 지혜를 알게 하려 하심이니.

따라서 이것이 하나님의 목표입니다. 하나님은 세상을 창조하셨고, 자기 아들의 죽음을 통해 사람들을 구원하셨고(엡 2:12-19 참조), 선교사들을 보내 그리스도의 풍성함을 선포하며 교회를 모으십니다.

> 이는 이제 교회로 말미암아 하늘에 있는 통치자들과 권세들에게 하나님의 각종 지혜를 알게 하려 하심이니.

이것이 전 역사의 목적입니다. 이것이 선교의 목적이고, 역사의 중심 드라마입니다.

이 우주는 결국 하나님의 다채로운 지혜에 관한 것입니다. 역사는 하나님의 무한히 다채롭고 복잡하고 섬세한 지혜를 드러내기 위해 존재합니다. 선교는 하나님이 교회를 모으기 위해 사용하시는 수단입니다. 그리고 열방으로부터 교회를 모으는 이 모습이 하나님의 지혜를 드러내는 이 그림의 핵심입니다. "교회로 말미암아"라는 단어에서 그 사실을 볼 수 있습니다.

> 이는 이제 교회로 말미암아…하나님의 각종 지혜를 알게 하려 하심이니.

하나님의 지혜를 드러내는 것에 대해 잠시 생각해 보십시오. 다음 지점은 교회와 관련이 있습니다. 10절에 나오는 청중들을 보십시오.

> 이는 이제 교회로 말미암아 하늘에 있는 통치자들과 권세들에게 하나님의 각종 지혜를 알게 하려 하심이니.

이 그림이 표현하는 역사와 구속의 드라마, 즉 창조부터 종말은 천사들에게―선한 천사와 악한 천사에게―하나님의 위대한 지혜를 보여 주려는 목적을 갖고 있습니다.

  선교가 행해지고, 하나님이 택하신 자들이 모이고, 교회가 세워지는 것을 보면서 천사들은 하나님의 지혜를 경외하게 됩니다.

하나님이 역사를 통해 그분의 지혜를 드러내시는 것은 하늘에서의 예배가 열렬한 존경과 경외감 속에서 드려지기를 바라시기 때문입니다. 선한 천사들은 결코 죄에 빠지는 일이 없고, 그저 하나님이 은혜로 베푸시는 지혜를 지켜보며 경탄할 뿐입니다. 어떤 천사도 "나 같은 죄인 살리신 주 은혜 놀라워"라고 노래하지 않을 것입니다. 그들은 죄인도 아니고 잃어버린 자들도 아닙니다. 이것은 우리의 노래이고 우리의 기쁨입니다. 천사들은 결코 이런 노래를 부를 수 없을 뿐 아니라, 알지도 못합니다. 그러나 하나님은 천사들이 이러한 구원의 과정을 보기 원하십니다. 그래서 역사를 통해 오직 그리스도를 믿는 믿음으로 말미암아 모든 죄인을 의롭다 하시는 방법으로 교회를 구원하시는 하나님 은혜의 지혜를 천사들에게 보여 주십니다. 그러면 천사들은 기꺼이 하나님을 경외하게 되고, 구속의 신비와 하나님이 그분의 교회를 준비하시고 구원하시고 모으신 방법을 온전히 알게 됩니다(벧전 1:12).

그리고 악의 영들(엡 6:12)도—악한 통치자들과 권세들도—이 그림을 보고 자신들이 승리했다고 생각하는 바로 그 순간에 자신들을 멸망시킨—그리스도의 죽음과 부활, 그리고 순교자들의 피를 통해—그 지혜를 보아야만 합니다. 요한계시록 2장 10절이 말하는 것과 같습니다.

너는 장차 받을 고난을 두려워하지 말라 볼지어다 마귀가 장차 너희 가운데에서 몇 사람을 옥에 던져 시험을 받게 하리니 너희가 십일 동안 환난을 받으리라 네가 죽도록 충성하라 그리하면 내가 생명의 관을 네게 주리라.

하나님이 그분 증인의 죽음이라는 어두운 색을 칠할 때 사탄은 고소한 듯 바라보지만, 바로 그때 하나님은 주황, 노랑, 빨강의 다른 붓을 들어 어두운 죽음이 오히려 하나님 지혜의 아름다움을 드러내도록 만드십니다. 그러면 사탄은 이를 갑니다.

"선교"라는 그림의 마지막 영광은 모든 붓 자국이 하늘의 군대들에게 드러난 하나님의 무한한 지혜의 오묘함을 더하게 한다는 것입니다. 이제 하나님의 각종 지혜를 드러내는 첫 번째 단계를 지나 다음 단계로 넘어가 보겠습니다.

2. 전 세계에서 하나님의 교회 모으기(10절 상)

우리는 10절에서 위대한 화가이신 하나님이 교회를 통해 그분의 각종 지혜를 천국과 지옥의 군대들에게 보이신다는 사실을 보았습니다. 이제는 교회가 열방으로부터 모이는 것을 주목하여 보겠습니다. 8-9절입니다.

모든 성도 중에 지극히 작은 자보다 더 작은 나에게 이 은혜를 주신 것은 측량할 수 없는 그리스도의 풍성함을 이방인에게 전하게 하시고 영원부터 만물을 창조하신 하나님 속에 감추어졌던 비밀의 경륜이 어떠한 것을 드러내게 하심이라.

'영원부터 감추어졌던 비밀'은 하나님과 언약을 맺은 유대인뿐 아니라 이방인까지 포함하는 복음이 갖는 전 세계적 범위를 말합니다. 6절은 이것을 아주 분명히 말합니다.

이는 이방인들이 복음으로 말미암아 그리스도 예수 안에서 함께 상속자가 되고 함께 지체가 되고 함께 약속에 참여하는 자가 됨이라.

민족들이 아브라함에게 주신 약속을 공유합니다. 그들은 하나님의 역사적인 백성(historic people)의 일부가 됩니다. 그들은 "이면적 유대인"이 됩니다(롬 2:29).
  우리는 이미 로마서 11장에서 이것에 대해 살펴보았습니다. 이방인이라는 야생 가지가 약속의 나무에 접붙임되고, 부러진 유대인이라는 가지는 이방인의 수가 다 채워질 때에야 비로소 접붙임될 것입니다. 이것은 하나님이 열방으로부터 그분의 교회를 구원하시는 복잡하고 신기하며 미묘한 방식입니다. 따라서 어느 누구도 자신을 자랑할 수 없습니다. 그래서 바울은 에베소서 3장 10절과 마찬가지로 로마서 11장 33절에서 하나님의 측량할 수 없는 지혜를 찬양합니다.

깊도다 하나님의 지혜와 지식의 풍성함이여, 그의 판단은 헤아리지 못할 것이며 그의 길은 찾지 못할 것이로다.

이것이 바로 하나님이 하늘과 땅을 향해 갖고 계신 목적입니다. 세계 열방으로부터 하나님의 교회를 모으고 구원하시는 방법 속에 드러나는 다채로운 지혜를 하늘과 땅이 찬양하는 것입니다. 역사 안에서 우리가 꿈도 꾸지 못하는 수많은 우여곡절들이 일어나 하나님의 계획을 실현시킵니다. 하나님이 그분의 지혜를 그려 넣은 이 선교 역사라는 그림에는 버릴 것이 하나도 없습니다.

이제는 이렇게 교회를 모으는 수단이 무엇인지 살펴보겠습니다. 선교는 어떻게 진행되는 것일까요? 하나님의 다채로운 지혜를 찬양하기 위해 민족들로부터 교회가 어떻게 모이는 것일까요?

3. 측량할 수 없는 그리스도의 풍성함 전하기(8절 하)

바울은 에베소서 3장 8-9절에서 이렇게 말합니다.

모든 성도 중에 지극히 작은 자보다 더 작은 나에게 이 은혜를 주신 것은 측량할 수 없는 그리스도의 풍성함을 이방인에게 전하게 하시고 영원부터 만물을 창조하신 하나님 속에 감추어졌던 비밀의 경륜이 어떠한 것을 드러내게 하려 하심이라.

선교는 민족들에게 "측량할 수 없는 그리스도의 풍성함"을 전함으로 행해집니다. 선교사들은 예수 그리스도를 높이고 하나님이 우리를 위해 예수 그리스도 안에서 하신 모든 일을 높입니다. 그리고 하나님은 세계 열방에서 택한 그분의 사람들을 모으십니다.

"측량할 수 없는 그리스도의 풍성함"에 대해 1년 내내 설교한다고 해도 아마 부족할 것입니다. 하지만 여기서는 한 가지 의미만 살펴보겠습니다. 에베소서 2장 12절에서 바울은 이방인들에게—열방에서 온 회심자들에게—이렇게 말합니다.

> 그때에 너희는 그리스도 밖에 있었고 이스라엘 나라 밖의 사람이라 약속의 언약들에 대하여는 외인이요 세상에서 소망이 없고 하나님도 없는 자이더니.

다른 말로 하면, 하나님이 구약에서 자기 백성들에게 영광스러운 미래에 대해 약속하셨던 모든 것이 한때는 그들 소유가 아니었다는 것입니다. 그들은 하나님이 약속하신 모든 것에서 배제되어 있었습니다. 이제 19절은 그리스도의 십자가를 근거로 복음 메시지를 전합니다.

> 그러므로 이제부터 너희는 외인도 아니요 나그네도 아니요 오직 성도들과 동일한 시민이요 하나님의 권속이라.

이것이 바로 선교사들이 가는 곳마다 전하는 내용입니다. 우즈베크인, 마닌카족, 카친족, 샨다이족, 스웨덴인, 독일인, 러시아인, 영국인 할 것 없이 그리스도를 믿는 사람이라면 이제 이스라엘과 맺은 언약의 일부입니다. 동일한 시민입니다. 하나님 가정의 일원이 됩니다. 그리스도를 믿으면, 주어진 모든 약속을 상속 받게 될 것입니다. 하나님의 모든 약속이 그리스도 안에서 예가 됩니다(고후 1:20). 땅을 유업으로 받게 될 것입니다. 세상을 상속 받게 됩니다. 예수 그리스도 안에서 우주를 창조하신 분의 자녀가 됩니다. 모든 것이 여러분의 것입니다. 그리고 예수 그리스도는 이 모든 것의 총합이고, 이 모든 것을 통해 여러분은 그분을 더 많이 알게 될 것이고 영원히 기뻐하게 될 것입니다.

에베소서 2장 7절은 하나님이 예수 그리스도 안에서 그분의 측량할 수 없는 풍성한 은혜를 여러분에게 다 쏟아붓는 데 영원이라는 시간이 걸린다고 말합니다.

> 이는 그리스도 예수 안에서 우리에게 자비하심으로써 그 은혜의 지극히 풍성함을 오는 여러 세대에 나타내려 하심이라.

그리스도의 풍성함을 다 알려면 수많은 세대가 걸릴 것입니다.
이것이 바로 선교사들이 세계 열방에게 말하고 보여 주는 바입니다. 그리스도께서 죽으시고 다시 살아나셨기 때문에 모든 민족이 이 유산 안에서 하나입니다.

이제 마지막 질문이 남아 있습니다. "붓은 누구인가?" 하나님의 목적이 세계 역사라는 캔버스에 그분의 다채로운 지혜를 그려 넣는 것이고, 모든 민족과 백성과 방언에서 모인 교회가 이 캔버스에 그려진 중심 드라마이고, 사람들을 모아 교회를 세우는 방법이 선교라고 한다면, 이러한 드라마를 그리는 데 사용되는 붓은 누구일까요?

4. 하나님의 평범한 선교사들의 섬김(8절 상)

하나님이 사용하시는 붓은 그저 그런 보통 사람들입니다. 그리스도의 측량할 수 없는 풍성함을 본 이들은 열정을 다해 그리스도의 풍성함을 열방에 전하려는 사람들입니다. 이들은 깨어지고 범죄하는 보통 선교사들입니다. 이들은 세상이 감당하지 못하는 사람들입니다(히 11:38).

8절은 이렇게 말합니다.

> 모든 성도 중에 지극히 작은 자보다 더 작은 나에게 이 은혜를 주신 것은 측량할 수 없는 그리스도의 풍성함을 이방인에게 전하게 하시고.

바울이 자신을 모든 성도 중에 지극히 작은 자보다 더 작은 자라고 말한 데에는 두 가지 이유가 있습니다. 한 가지 이유는, 자신이 교회와 그리스도를 미워하고 핍박하던 자였기 때문입니다. 바울은 자신이 끔찍한 잘못을 저질렀음에도 불구하고 하나님이 택하신 것에 매우 놀랐습니다. 또 다른 이유는, 하나님이 여러분에게도 동일한 일을 하실 수 있다는 사실을 상기시키기 위해서입니다.

여러분을 선교로 이끌 수 있는 가장 강력한 동기가 바로 이것입니다. 하나님은 의도적으로 평범하고 별 볼일 없는 작은 붓을 사용하여 선교 역사라는 캔버스에 그림을 그리십니다. 작은 붓자국 하나하나가 소중하기 때문입니다. 승리를 표현한 밝은 붓자국도, 고통을 표현한 어두운 붓 자국도 모두 소중합니다. 하나님은 한없이 지혜로운 화가이십니다. 하나님은 여러분의 인생을 통해 행하시는 일을 다 알고 계십니다. 붓 자국 하나도 쓸데없는 것이 없습니다. 여러분은 그분을 믿고 여러분의 인생을 맡길 수 있습니다. 지혜로우신 하나님의 손에 여러분의 인생을 맡기면 그분이 직접 여러분의 인생을 그려 가실 것입니다.

오, 우리가 전해야 할 복음이 얼마나 풍성합니까!

이제 여러분을 강단 앞으로 나오도록 초청하고 싶습니다. 강단 앞으로 나오지 않는 분들은 보내는 선교사로 헌신하시기 바랍니다. 이것이 바로 파트너십입니다. 보내는 선교사가 되는 것도 순종이고, 가는 선교사로 자원하는 것도 순종입니다. 타문화 선교—장기, 단기, 중기—에 헌신하도록 하나님이 여러분의 마음을 움직이셨다면 앞으로 나오기 바랍니다. 같이 기도해 드리고 저희가 준비한 격려 카드를 드리겠습니다. 지금 현재 선교사로 헌신하고 있거나 예전에 선교사로 헌신하기로 다짐하셨던 분들도 모두 앞으로 나오기 바랍니다.

8
열방에 퍼진 그리스도의 향기

2006년 10월 29일

내가 그리스도의 복음을 위하여 드로아에 이르매 주 안에서 문이 내게 열렸으되 내가 내 형제 디도를 만나지 못하므로 내 심령이 편하지 못하여 그들을 작별하고 마게도냐로 갔노라 항상 우리를 그리스도 안에서 이기게 하시고 우리로 말미암아 각처에서 그리스도를 아는 냄새를 나타내시는 하나님께 감사하노라 우리는 구원 받는 자들에게나 망하는 자들에게나 하나님 앞에서 그리스도의 향기니 이 사람에게는 사망으로부터 사망에 이르는 냄새요 저 사람에게는 생명으로부터 생명에 이르는 냄새라 누가 이 일을 감당하리요 우리는 수많은 사람들처럼 하나님의 말씀을 혼잡하게 하지 아니하고 곧 순전함으로 하나님께 받은 것같이 하나님 앞에서와 그리스도 안에서 말하노라_ 고후 2:12-17

오늘은 우리 교회 가을 선교주간 두 번째 주입니다. 몇 년째 예배 말미에는, 조만간 장기 타문화 선교에 헌신하도록 하나님이 마음을 움직이신다고 믿는 분들을 모두 강단 앞으로 나오게 하고 있습니다. 오늘 예배에서도 하나님이 여러분의 삶 가운데 무엇을 행하셨는지 혹은 오늘 어떤 일을 시작하실지 확신하게 해달라고 저와 함께 기도해 주시기 바랍니다.

사도 바울: 개척 선교사

고린도후서 본문으로 들어가기 전에, 선교적 맥락에서 이 말씀을 한번 살펴보겠습니다. 사도 바울은 선교사였습니다. 바울이 자신의 거룩한 열망을 말하고 있는 로마서 15장 20절에서 이것을 분명히 알 수 있습니다.

> 또 내가 그리스도의 이름을 부르는 곳에는 복음을 전하지 않기를 힘썼노니 이는 남의 터 위에 건축하지 아니하려 함이라.

바울은 변방으로 부름 받았는데, 그곳은 교회가 아직 세워지지 않은 지역입니다. 우리는 이것을 "변방 선교", "개척 선교", "미전도 종족 선교"라고 부릅니다. 바울은 최초의 개척 선교사이자 아마도 최고의 개척 선교사였을 것입니다. 얼마나 많은 사람이 바울의 뒤를 따랐습니까! 바로 오늘 우리 교회의 이 예배까지 그 계보가 이어지고 있습니다.

2천 년 동안 선교의 계보가 이어지는 이유를 여러 가지 다른 방식으로 말할 수 있을 것입니다.

예수님이 승천하시기 전 우리에게 마지막으로 하셨던 말씀이 마태복음 28장 18-20절에 나옵니다.

> 하늘과 땅의 모든 권세를 내게 주셨으니 그러므로 너희는 가서 모

든 민족을 제자로 삼아…볼지어다 내가 세상 끝날까지 너희와 항상 함께 있으리라.

예수님은 모든 민족과 열방의 영혼들을 다스릴 권세를 갖고 계시고, 우리와 함께하시며 우리를 도와주겠다고 약속하시고, 우리에게 가라고 명령하십니다. 아직 세상 끝날이 오지 않았기에 이 말씀은 오늘날에도 유효합니다.

아니면 선교하는 이유를 이렇게 말할 수도 있습니다.

여호와께 노래하여 그의 이름을 송축하며 그의 구원을 날마다 전파할지어다 그의 영광을 백성들 가운데에, 그의 기이한 행적을 만민 가운데에 선포할지어다(시 96:2-3).

하나님은 그분의 영광을 드러내고 찬양하기 위해서 이 세상을 창조하셨습니다. 믿지 않는 사람들은 하나님 은혜의 영광을 찬양하지 않습니다. 우리는 그들도 하나님 은혜의 영광을 찬양하기를 소망합니다. 물이 바다를 덮음같이 하나님의 영광이 이 땅에 가득하기를 원합니다.

아니면 선교하는 이유를 이런 식으로 말할 수도 있습니다.

하나님이 세상을 이처럼 사랑하사 독생자를 주셨으니 이는 그를 믿는 자마다 멸망하지 않고 영생을 얻게 하려 하심이라(요 3:16).

하나님의 사랑은 모두를 구원하시는 사랑입니다. 예수님을 믿는 사람은 누구라도 예수님과 함께 영생을 누리지만, 그렇지 않은 사람은 모두 멸망하고 맙니다. 하나님의 사랑에 대한 우리 마음의 응답이 바로 선교입니다.

아니면 선교하는 이유를 이렇게 말할 수도 있습니다. 여호수아 프로젝트의 정밀한 통계 분석에 따르면, 전 세계에는 인종언어학적으로 확연히 구분되는 종족이 15,988개 있다고 합니다. 그중 6,572개 종족이 미전도 종족인데, 그리스도인의 비중이 2퍼센트 미만이라고 합니다. 이 미전도 종족에 속하는 사람은 26억에 달합니다. 좀 더 구체적인 수치로 표현하면, 규모가 큰 100개의 미전도 종족 그룹 중에서, 44개는 인도에, 8개는 중국에, 7개는 인도네시아와 파키스탄에 있습니다. 가장 숫자가 많은 미전도 종족 3개 그룹은, 일본에 있는 일본인들, 방글라데시에 있는 벵골인, 인도에 있는 세이크족입니다. 규모가 큰 100개의 미전도 종족 그룹 중에서, 43개는 무슬림교도, 36개는 힌두교도, 9개는 불교도입니다. 이들 중 22개 종족이 인구가 2천만이 넘습니다. 다른 말로 하면, 예수님의 말씀에 순종하려면 아직 할 일이 많이 남았다는 것입니다. 그리고 예수님은 이 모든 일을 이룰 권세를 갖고 계십니다.

제 삶에서 가장 간절한 소망 중 하나는 우리 베들레헴 교회가 미전도 종족에게 선교사를 파송하는 전진기지가 되어 해마다 선교사의 숫자가 더 많아지는 것입니다. 또한 선교사들이 더욱 성경의 가르침에 충실하고 효과적으로 선교할 수 있도록 훈련하고, 선교사들의 가족도 최대한 세심하게 보살피는 것입니다. 삶을 낭비하지 말아야겠다고 생각할 때마다 제가 더 열심히 연구하고 기도하고 글을 쓰고 설교를 해서 점점 더 많은 사람들, 즉 비전을 꿈꾸는 젊은이들, 가장 왕성하게 활동하는 중년의 직장인들, 현명하고 성숙한 은퇴자들이 하던 일을 중단하고 텐트를 짊어지고 세계 미전도 종족—멀든, 가깝든 상관없이—을 향해 복음을 들고 예수님과 함께 떠나게 해야겠다고 다짐하게 됩니다.

하나님은 선교사로 부르실 때 말씀을 사용하신다

이제 마음에 열정을 갖고 기도하면서 한 선교사의 증언을 통해 본문이 의미하는 바를 살펴보겠습니다. 하나님은 종종 우리를 선교사역으로 부르실 때 그분의 말씀을 사용하신다는 사실을 명심하기 바랍니다. 이제 고린도후서 2장 12-17절을 간단히 살펴볼 텐데, 하나님이 우리에게 역사하시기를 바랍니다.

  이 본문의 배경은 이렇습니다. 고린도에 쓰기 힘든 편지를 보낸 바울이 그 편지로 인해 그들이 더 멀어졌는지 아니면 회복되었는지를 걱정하는 상황입니다. 그래서 바울은 디도를 고린도에 보내 그들이 어떻게 하고 있는지 알아보게 했습니다. 지리를 확실히 알면, 이해하기가 좀 더 쉬울 것입니다. 고린도는 그리스 남단에 있습니다. 고린도에서 동쪽 해안을 따라 올라가면, 데살로니가와 빌립보가 위치해 있는 마게도냐라 불리는 반도의 북쪽지역이 나옵니다. 거기서 오늘날 그리스와 터키를 나누는 에게 해를 건너서 동쪽으로 가면 드로아였습니다.

영혼의 소원을 따르기 위해 문이 열린 곳을 떠나다
12-13절의 배경이 되는 장소가 바로 이곳입니다.

> 내가 그리스도의 복음을 위하여 드로아에 이르매 주 안에서 문이 내게 열렸으되 내가 내 형제 디도를 만나지 못하므로 내 심령이 편하지 못하여 그들을 작별하고 마게도냐로 갔노라.

드로아에는 복음의 문이 열려 있었습니다. 하지만 바울은 고린도 교회의 상황 때문에 마음이 편치 않았기에, 그곳에 머무르지 않고 디도가 고린도에서 돌아오는 길에 만날 수 있는 곳으로 가기로 결심했습니다.

　이 부분을 깊이 다루지는 않겠습니다만, 이 부분은 아주 중요한 대목이고 여러분의 현재 삶의 자리와 깊이 관련될 수도 있습니다. 여러분이 있는 곳에 문이 활짝 열려 있습니다. 지금 있는 곳에서 해야 할 일이 많습니다. 하지만 여러분의 영혼은 쉴 수가 없습니다. 바울이 바로 그런 상황이었습니다. 그래서 바울은 복음의 문이 열려 있는 드로아를 뒤로하고 자기 영혼의 소원을 따라갔습니다. 바울이 드로아를 떠나야만 했을까요? 여러분은 어떻습니까? 바울은 드로아를 떠났습니다. 그래서 우리가 성경에서 이처럼 놀라운 기록을 갖게 된 것입니다.

바울은 그리스도 안에서 정복당했다

이제 바울은 마게도냐에 머물렀고 마침내 디도가 옵니다. 오늘 본문에는 그 내용이 나오지 않습니다만, 바울은 7장에서 이렇게 말합니다(5-7절).

우리가 마게도냐에 이르렀을 때에도 우리 육체가 편하지 못하였고 사방으로 환난을 당하여 밖으로는 다툼이요 안으로는 두려움이었노라 그러나 낙심한 자들을 위로하시는 하나님이 디도가 옴으로 우리를 위로하셨으니 그가 온 것뿐 아니요 오직 그가 너희에게서 받은 그 위로로 위로하고 너희의 사모함과 애통함과 나를 위하여 열심 있는 것을 우리에게 보고함으로 나를 더욱 기쁘게 하였느니라.

고린도후서 7장은 이렇게 말합니다. 하지만 오늘 본문에서 바울은 이 소식을 다른 식으로 기뻐합니다. 바울은 두 가지 비유 혹은 생생한 묘사를 사용하는데 아주 놀랍습니다. 먼저, 14절에서 바울은 이렇게 말합니다.

> 항상 우리를 그리스도 안에서 이기게 하시고(leads us in triumphal procession)…하나님께 감사하노라.

이 말씀을 듣고 떠오르는 생각이 있을 텐데, 여러분이 생각하는 그런 의미가 아닙니다. "이기게 하시고"(thriambeuonti)라고 번역된 단어는, 위대한 로마 장군이 싸움에서 이겨 적군 포로들을 끌고 승리의 행진을 벌인 후에 포로들을 죽이거나 노예로 삼는 모습을 표현할 때 사용하는 단어입니다.

이 단어는 신약에서 오직 한 번 더 사용되었습니다. 골로새서 2장 15절입니다.

> 통치자들과 권세들을 무력화하여 드러내어 구경거리로 삼으시고 십자가로 그들을 이기셨느니라(thriambeusas).

즉 바울은 골로새서에서는 하나님이 사탄에게 승리하신다고 말하고, 고린도후서에서는 하나님이 바울에게 승리하신다고 말합니다. 두 경우 모두 하나님을 향해 반기를 드는 데 실패했습니다.

사탄과 바울 둘 다 하나님의 승리 행진에서 끌려가며 반기를 든 것으로 인해 수치를 당했습니다. 하지만 이 둘의 가장 큰 차이점은, 바울은 "그리스도 안에 있었고" 사탄은 그렇지 않다는 것입니다. 14절을 다시 보겠습니다.

> 항상 우리를 그리스도 안에서 이기게 하시고…하나님께 감사하노라.

다른 말로 하면, 바울은 패배당해 포로로 끌려갔지만, 믿음을 갖게 되었고 용서 받았고 의롭다 여김을 받았고 기뻐하며 기꺼이 가장 위대한 대장의 종이 되었다는 것입니다. 바울은 "그리스도 안에" 있었는데, 그 사실이 이 모든 차이를 만들어 낸 것입니다.

두 가지 목적을 완수하는 그림

그렇다면 바울은 왜 생생한 묘사를 사용했을까요? 거의 반대되는 두 가지 내용을 동시에 드러내고 싶었기 때문입니다. 한편은, 하나님이 승리하시고 바울은 하나님을 섬기는 모습입니다. 또 다른 한편은, 하나님이 위대한 장군이시고 바울은 정복당해 죽기까지 그분을 섬기며 고통당하는 모습입니다. 바울은 생생한 묘사를 통해 이 두 가지 그림을 동시에 보여 주고 있습니다.

한편으로, 바울은 자신의 고통스런 편지가 그들을 멀어지게 만든 것이 아니라 고린도 교인들이 회개하고 그들에게 축복이 된 것에 대해 하나님께 감사하며 기뻐합니다. 이것은 승리의 행진 내내 크게 기뻐할 만한 승리입니다.

하지만 또 다른 한편으로, 바울은 고린도 교회에 자신의 사도권을 인정하지 않고 다른 복음을 전하는 대적이 많음을 알고 있었습니다(고후 11:4). 바울은 그들을 "지극히 크다는 사도들"이라고 부릅니다(고후 11:5, 12:11). 그들은 바울의 권위를 인정하지 않고 바울의 사역에서 드러나는 그리스도를 보지 않습니다. 다른 말로 하면, 바울은 사람들이 생각하는 방식으로 자신이 선교사로서 성공한 것이 아님을 알았다는 것입니다. 어떤 사람들은 회심했습니다. 또 다른 사람들은 그렇지 않았습니다. 어떤 사람들은 그에게서 그리스도를 보지만 또 다른 사람들은 그렇지 않습니다. 그들은 오직 연약함만 봅니다. 바울은 성공도 했지만 실패도 했습니다. 그래서 바울은 이 비유를 사용하여 자신을 위대한 승리자에게 속한 사람이면서 동시에 패배한 대적으로 그리고 있습니다. 패배한 대적이 왕을 섬긴다는 것은 고통당하고 나약해지고 심지어 죽는 것을 의미합니다. 왕의 승리 행진에서 패배한 적군이 끌려가는 모습입니다.

두 번째 그림

두 번째 비유에서는 바울이 자기 인생을 하나님 앞에 드려진 향기로운 희생제물로 묘사하고 있습니다. 이 그림은 14절 중반에서 시작됩니다.

> …우리로 말미암아 각처에서 그리스도를 아는 냄새를 나타내시는 하나님께 감사하노라.

바울은 선교와 선교사로서의 삶을 그리스도를 아는 지식이 퍼져 나가는 향기로 묘사합니다. 그리고 제가 이것을 하나님 앞에 드려진 희생제사라고 말하는 이유는, 15절에서 바울이 그 향기를 먼저 "하나님" 앞에 드리고 있기 때문입니다. 이것은 하나님께 드려진 향기와 같습니다. "우리는…하나님 앞에서 그리스도의 향기니"(15절). 세상이 아니라 하나님에 대해서가 먼저입니다.

이 그림이 에베소서 5장 2절에 잘 드러나 있습니다.

> 그리스도께서 너희를 사랑하신 것같이 너희도 사랑 가운데서 행하라 그는 우리를 위하여 자신을 버리사 향기로운 제물과 희생제물로 하나님께 드리셨느니라.

따라서 그리스도께서 죄인들을 위해 죽으셨을 때, 그것은 마치 하나님을 기쁘시게 하는 향기로운 제물과 같았습니다. 이제 여기서 바울은 선교사로서 자신이 그리스도의 자리에 서 있으면서, 자신을 정복하시는 주님을 섬기며 그리스도처럼 고통당하고 있습니다. 그는 이렇게 말합니다. "우리는 하나님께 그리스도의 향기니라." 다른 말로 하면, 우리가 그리스도를 섬기며 선교사로서 고통당하는 것은 마치 잃어버린 자를 위해 고통당하시는 그리스도와 같고, 하나님은 이 희생적인 사랑의 향기를 맡고 기뻐하신다는 것입니다. 지금까지는 이런 그림입니다. 하지만 이제 곧 선교사로 섬기면서 가슴 뛰는 기쁨과 가슴 아픈 슬픔을 직면하게 됩니다. 선교사로서 희생적으로 섬길 때 풍겨 나오는 그리스도의 사랑의 향기는 하나님을 기쁘시게 하지만, 이 향기가 모든 사람을 기쁘게 하는 것은 아닙니다. 이 향기는 세상을 나눕니다. 15-16절에 이 구분이 나옵니다.

우리는 구원 받는 자들에게나 망하는 자들에게나 하나님 앞에서 그리스도의 향기니 이 사람에게는 사망으로부터 사망에 이르는 냄새요 저 사람에게는 생명으로부터 생명에 이르는 냄새라 누가 이 일을 감당하리요.

선교에서 가슴 아픈 부분

다른 말로 하면, 어떤 사람은 선교사의 삶에서 풍기는 그리스도의 희생적인 사랑의 냄새를 맡지만 그것은 그저 죽음의 냄새와 같습니다. 그들은 복음을 듣기는 하지만, 오직 죽음만 듣습니다. 그들은 십자가를 보기는 하지만, 오직 죽음만 봅니다. 그들은 생명을 보지 못합니다. 소망을 보지 못합니다. 미래를 보지 못합니다. 기쁨을 보지 못합니다. 그래서 돌아서 버립니다. 그들이 그렇게 영원히 돌아선다면 그들은 죽습니다. 멸망하고 맙니다. 죽음의 냄새는 죽음으로 이끕니다. 이것이 선교에서 가슴 아픈 부분입니다. 그들은 믿지 않는 사람들입니다. 그리스도를 귀하게 여기지 않습니다. 그분의 고통을 귀하게 여기지 않습니다. 죄인을 위해 죽으신 그분의 죽음을 이 세상에서 가장 향기로운 향기로 맡지 못합니다. 그들에게는 만족스러운 향기가 아닙니다. 그저 죽음의 냄새일 뿐입니다.

선교에서 가슴 뛰는 부분

하지만 선교에는 가슴 뛰는 부분도 있습니다. 16절입니다.

> 이 사람에게는 사망으로부터 사망에 이르는 냄새요 저 사람에게는 생명으로부터 생명에 이르는 냄새라 누가 이 일을 감당하리요.

구원 받은 사람은 그리스도의 죽음의 냄새와 생명의 향기를 모두 맡습니다. 그들은 그리스도의 죽음에서 하나님 앞에서 자신에게 반드시 필요한 속죄물을 봅니다. 그들을 대신하여 죽으신 하나님의 아들은 생명의 향기입니다. 그래서 그들은 돌아서지 않습니다. 그분을 믿고 받아들이고 포용하고 귀하게 여깁니다. 그리고 영원히 삽니다. 그리스도를 생명의 향기로 맡을 때 생명을 얻습니다.

지금까지 살펴본 두 가지 그림은 바울이 선교사로서의 자기 인생을 표현한 것입니다. 첫 번째는, 바울이 하나님의 대적이었을 때 하나님이 그를 정복하셨다는 것입니다. 하나님은 이제 바울을 승리의 행진과 고난으로 이끌어 가십니다. 이 과정에는 기뻐할 이유가 있고 신음할 이유가 있습니다. 바울의 소명은 그가 고난당함으로써 세상에 그리스도의 고난을 보여 주는 것입니다. 두 번째는, 그리스도를 하나님 앞에 드려진 향기로운 제물 혹은 향기로 그린 것입니다. 바울은 그리스도의 사명과 고난을 공유함으로써 세상을 향해 바로 이 향기가 됩니다. 어떤 사람은 이 향기를 생명으로 맡아서 살지만, 어떤 사람은 이 향기를 죽음으로 맡아서 죽습니다.

누가 이 일을 감당하리요?

이제 바울은 16절 말미에서 "누가 이 일을 감당하리요?"라고 질문합니다. 저도 이 질문으로 설교를 마치려고 합니다. 그리스도를 기뻐하며 사는 여러분의 삶에서 풍기는 향기가 어떤 사람은 영생으로 이끌고 또 어떤 사람은 영원한 죽음으로 이끈다는 사실을 알 때 느끼는 무게를 누가 견딜 수 있을까요? 이것은 마치 여러분이 점심시간에 복잡한 도심을 걷는데 어떤 사람은 웃으며 여러분 뒤를 따르며 구원 받고, 나머지 사람들은 다 죽는 것과 같습니다. 누가 이 부담감을 감당할 수 있을까요? 바울의 질문이 바로 이것입니다.

어떤 의미에서, 이 일은 아무도 감당할 수 없습니다. 그것이 정답입니다. 하지만 바울이 말하고자 하는 바는 아닙니다. 바울은 고린도후서 1장 12절과 로마서 1장 5절에서 하나님의 은혜로 이 사역을 감당한다고 말합니다. 바울 혼자서는 감당할 수 없습니다. 여러분과 저도 혼자서는 감당할 수 없습니다. 어떤 선교사도 혼자서는 감당할 수 없습니다. 바울은 "우리의 만족은 오직 하나님으로부터 나느니라"고 말합니다(고후 3:5).

그래서 여러분이 선교에 삶을 드리기 위해 기도하고 생각한다면, 가장 중요하게 던질 질문은 바로 이것입니다. "내가 이 일을 감당할 수 있을까? 새로운 곳에서 그리스도의 향기가 되는 것의 무게를 견딜 수 있을까?" 하나님의 은혜로 여러분은 할 수 있습니다.

다섯 가지 기준

바울은 17절에서 이러한 질문에 대한 답을 찾도록 도와주는 다섯 가지 기준을 말합니다. 여러분이 답할 수 있도록 질문의 형태로 이 다섯 가지 기준을 말해 보겠습니다.

첫째, 여러분은 그분의 말씀을 혼잡하게 하지 않을 정도로 그리스도를 귀하게 여기십니까? 바울은 이렇게 말합니다. "우리는 수많은 사람들처럼 하나님의 말씀을 혼잡하게 하지 아니하고." 즉 하나님의 말씀을 혼잡하게 하는 사람은 그리스도를 사랑하지 않는 것입니다. 그들은 돈을 사랑하고 그리스도를 이용할 뿐입니다. 그래서 첫 번째 기준은 이것입니다. "그리스도를 돈보다 더 사랑하는가?"

나머지 기준들은 17절에 열거되어 있습니다. '순전함으로', '하나님께 받은 것같이', '하나님 앞에서와', '그리스도 안에서'입니다. 그래서 저는 여러분에게 이렇게 묻겠습니다.

둘째, 여러분은 순전함으로 말하시겠습니까? 진짜가 되시겠습니까? 진심으로 전하시겠습니까? 모든 거짓과 위선을 거부하시겠습니까?

셋째, 하나님께 받은 것같이 말하시겠습니까? 즉 하나님으로부터 사명을 받을 뿐 아니라 말과 권위도 받으시겠습니까? 여러분의 말이 아니라 그분의 말씀을 하시겠습니까? 여러분의 권위가 아니라 그분의 권위로 말하시겠습니까? 여러분의 능력과 지혜가 아니라 그분의 능력과 지혜로 힘을 얻고 인도를 받으시겠습니까?

넷째, 하나님 앞에서 하듯이 말하시겠습니까? 즉 여러분은 사람이 아니라 하나님을 여러분의 재판관으로 인정하시겠습니까? 여러분이 하는 말을 그분이 어떻게 평가하시는지에 더 신경 쓰고 인간의 비판에 흔들리지 않겠습니까?

다섯째, 그리스도 안에서 하는 것처럼 말하시겠습니까? 즉 그리스도와 연합함으로써 여러분의 정체성과 확신을 얻고 자신감과 소망을 갖고 용기를 얻으시겠습니까?

완벽한 선교사는 없다

완벽한 선교사는 없습니다. 앞에서 언급한 질문들에 대한 답은 이렇습니다. "네, 그렇습니다. 주님, 정말 그렇게 하고 싶습니다. 도와주세요. 돈보다 주님을 더 사랑하게 해주세요. 진실하고 거짓 없게 해주세요. 주님의 말을 하게 해주세요. 사람을 두려워하지 않게 해주세요. 필요한 모든 것을 그리스도에게서 공급 받게 해주세요."

이제, 여러분 가운데 하나님이 조만간 장기—몇 주간 혹은 몇 년간—타문화 선교로 이끄실 거라고 믿는 분들은 강단 앞으로 나오기 바랍니다. 함께 기도해 드리겠습니다. 그리고 선교 훈련을 위한 양육 프로그램을 신청하려는 분은, 카드를 작성하여 내 주시기 바랍니다. 우리 선교부 리더들이 연락을 드리고, 각기 유용한 방식으로 도와 드릴 것입니다. 어린이, 청소년, 청년, 남자, 여자, 기혼자, 미혼자, 중년, 노년 모두 가능합니다. 하나님은 각 사람에게 맞는 방법을 갖고 계십니다. 하나님이 행하시는 일을 깨달은 분들은 이 앞으로 나오기 바랍니다.

9
열방에는 복음을, 가난한 자에게는 관용을

2005년 10월 23일

십사 년 후에 내가 바나바와 함께 디도를 데리고 다시 예루살렘에 올라갔나니 계시를 따라 올라가 내가 이방 가운데서 전파하는 복음을 그들에게 제시하되 유력한 자들에게 사사로이 한 것은 내가 달음질하는 것이나 달음질한 것이 헛되지 않게 하려 함이라 그러나 나와 함께 있는 헬라인 디도까지도 억지로 할례를 받게 하지 아니하였으니 이는 가만히 들어온 거짓 형제들 때문이라 그들이 가만히 들어온 것은 그리스도 예수 안에서 우리가 가진 자유를 엿보고 우리를 종으로 삼고자 함이로되 그들에게 우리가 한시도 복종하지 아니하였으니 이는 복음의 진리가 항상 너희 가운데 있게 하려 함이라 유력하다는 이들 중에 (본래 어떤 이들이든지 내게 상관이 없으며 하나님은 사람을 외모로 취하지 아니하시나니) 저 유력한 이들은 내게 의무를 더하여 준 것이 없고 도리어 그들은 내가 무할례자에게 복음 전함을 맡은 것이 베드로가 할례자에게 맡음과 같은 것을 보았고 베드로에게 역사하사 그를 할례자의 사도로 삼으신 이가 또한 내게 역사하사 나를 이방인의 사도로 삼으셨느니라 또 기둥같이 여기는 야고보와 게바와 요한도 내게 주신 은혜를 알므로 나와 바나바에게 친교의 악수를 하였으니 우리는 이방인에게로, 그들은 할례자에게로 가게 하려 함이라 다만 우리에게 가난한 자들을 기억하도록 부탁하였으니 이것은 나도 본래부터 힘써 행하여 왔노라_
갈 2:1-10

오늘은 우리 교회 가을 선교주간 두 번째 주입니다. 몇 년째 예배 말미에는, 조만간 장기 타문화 선교에 헌신하도록 하나님이 마음을 움직이신다고 믿는 분들을 모두 강단 앞으로 나오게 하고 있습니다. 오늘 예배에서도 하나님이 여러분의 삶 가운데 무엇을 행하셨는지 혹은 오늘 어떤 일을 시작하실지 확신하게 해달라고 저와 함께 기도해 주시기 바랍니다.

먼저, 갈라디아서 1장 6절부터 2장 10절까지 함께 살펴보면서 바울의 생각의 흐름을 파악하려고 합니다. 그런 후에 다시 오늘 본문을 세 가지에 초점을 맞추어 살펴보겠습니다. 즉 가난한 자, 복음, 소명입니다. 여기에서 소명은 결국 여러분의 소명을 말합니다. 설교를 듣는 중에 여러분의 소명을 발견하게 해달라고 간구하십시오.

바울의 복음은 사람이 아니라 그리스도에게서 온 것이다

바울은 이상히 여깁니다. 갈라디아 교회에 거짓 그리스도인들이 들어와서 구원 얻으려면 할례를 받아야 한다고 가르치는 바람에 복음을 버리려고 한 교인들이 있었기 때문입니다. 오직 그리스도에 근거한, 오직 믿음을 통해 은혜로 받는 구원이 위험에 처하게 된 것입니다. 바울은 그 소문을 믿을 수가 없었습니다. 갈라디아서 1장 6절입니다.

그리스도의 은혜로 너희를 부르신 이를 이같이 속히 떠나 다른 복음을 따르는 것을 내가 이상하게 여기노라.

그런 다음 바울은 죄와 지옥에서 우리를 구해 줄 수 있는 다른 복음은 없다고 말합니다. 다른 복음이 있다고 말하는 사람이 있다면, 바울이 9절에서 한 말을 들어 보십시오.

우리가 전에 말하였거니와 내가 지금 다시 말하노니 만일 누구든지 너희가 받은 것 외에 다른 복음을 전하면 저주를 받을지어다.

길거리 언어로 노골적으로 표현하면, 지옥에 떨어질 거라는 말입니다.

바울은 자신이 전한 복음이 자기 머리나 어떤 사람이 아닌 그리스도에게서 온 것임을 주장합니다. 11-12절입니다.

형제들아 내가 너희에게 알게 하노니 내가 전한 복음은 사람의 뜻을 따라 된 것이 아니니라 이는 내가 사람에게서 받은 것도 아니요 배운 것도 아니요 오직 예수 그리스도의 계시로 말미암은 것이라.

그리고 바울은 자기 삶이 얼마나 극적으로 변했는지 생각해 보라고 말하며 이 놀라운 주장을 변호합니다. 자신이 예전에 교회를 얼마나 열심히 핍박했는지를 생각해 보라고 말합니다(13-14절).

그러고는 자기 삶의 변화는 예루살렘으로 가지 않고 일어난 것이라고 말합니다(15-17절).

> 그러나 내 어머니의 태로부터 나를 택정하시고 그의 은혜로 나를 부르신 이가 그의 아들을 이방에 전하기 위하여 그를 내 속에 나타내시기를 기뻐하셨을 때에 내가 곧 혈육과 의논하지 아니하고 또 나보다 먼저 사도 된 자들을 만나려고 예루살렘으로 가지 아니하고 아라비아로 갔다가 다시 다메섹으로 돌아갔노라.

그리고 바울은 3년이 지난 후 예루살렘으로 가서 15일간 머물며(18절) 베드로와 주의 형제 야고보를 만났고, 그 후에 수리아와 길리기아 지방으로 가서 14년간 모습을 드러내지 않습니다.

바울이 말한 요지는 다음과 같습니다. "내가 전하는 복음은 그리스도에게서 온 것이지 사람에게서 난 것이 아니다. 나는 남에게 들어서 복음을 전하는 사도가 아니다. 내 권위와 내가 전하는 메시지는 누군가를 거쳐서 나온 것이 아니다. 사도로서의 권위와 내가 전하는 메시지는 베드로와 야고보에게서 받은 것이 아니라, 부활하신 그리스도에게서 받은 것이다."

그런데 지금 갈라디아서 2장에서는 계속해서 이 점을 강조하는 것 같은데, 오히려 열두 사도와의 연합을 강조합니다. 바울은 자신의 복음과 사도권이 열두 사도에게 거부당하면 그리스도의 교회의 기초에 치명적인 균열이 생기고 자신의 모든 수고가 헛되게 됨을 알았습니다. 그래서 그는 자신의 독립성을 내세우면서 열두 사도와의 연합성도 내세워야 했습니다. 이것이 바로 갈라디아서 2장 1-10절의 요지입니다.

1-2절

> 십사 년 후에 내가 바나바와 함께 디도를 데리고 다시 예루살렘에 올라갔나니 계시를 따라 올라가 내가 이방 가운데서 전파하는 복음을 그들에게 제시하되 유력한 자들에게 사사로이 한 것은 내가 달음질하는 것이나 달음질한 것이 헛되지 않게 하려 함이라.

3-5절

할례파가 할례의 필요성을 강요하자 상황이 긴박해졌습니다. 하지만 복음이 걸린 문제이기에 바울은 요동하지 않습니다. 이는 바울이 1장 8절에서 저주 받을 거라고 말하던 "다른 복음"입니다. 바울은 할례파를 거짓 형제들이라고 부릅니다

> 그러나 나와 함께 있는 헬라인 디도까지도 억지로 할례를 받게 하지 아니하였으니 이는 가만히 들어온 거짓 형제들 때문이라 그들이 가만히 들어온 것은 그리스도 예수 안에서 우리가 가진 자유를

엿보고 우리를 종으로 삼고자 함이로되 그들에게 우리가 한시도 복종하지 아니하였으니 이는 복음의 진리가 항상 너희 가운데 있게 하려 함이라.

6-9절

이 네 구절은 인류 역사상 가장 중요한 순간 중 하나를 보여 줍니다. 기독교 교회의 창립 사도들이 서로 일치를 이뤄 냈고 복음이 초기 위협 가운데 하나로부터 보호되고 있습니다. 최초이자 가장 위대한 이방인 선교사인 바울이 선교에서 가장 중요하게 여긴 것은 복음을 바르게 보호하는 것―정확하게 바른 복음―이었다고 말할 수 있습니다. 그렇지 않다면 그의 모든 수고가 헛되게 될 것입니다.

유력하다는 이들 중에 (본래 어떤 이들이든지 내게 상관이 없으며 하나님은 사람을 외모로 취하지 아니하시나니) 저 유력한 이들은 내게 의무를 더하여 준 것이 없고 도리어 그들은 내가 무할례자에게 복음 전함을 맡은 것이 베드로가 할례자에게 맡음과 같은 것을 보았고 베드로에게 역사하사 그를 할례자의 사도로 삼으신 이가 또한 내게 역사하사 나를 이방인의 사도로 삼으셨느니라 또 기둥같이 여기는 야고보와 게바와 요한도 내게 주신 은혜를 알므로 나와 바나바에게 친교의 악수를 하였으니 우리는 이방인에게로, 그들은 할례자에게로 가게 하려 함이라.

10절

그리고 마지막으로 바울은 10절을 덧붙입니다. 이 구절에는 우리가 동의하는 내용이 하나 더 나옵니다.

다만 우리에게 가난한 자들을 기억하도록 부탁하였으니 이것은 나도 본래부터 힘써 행하여 왔노라.

바울은 가난한 자들을 경제적으로 도와주는 것이 사도의 사역에서 중요한 부분이라는 다른 사도들의 의견에 동의합니다.

그러면 이제 방향을 바꿔 본문을 역으로 살펴보겠습니다. 이번에는 가난한 자, 복음, 소명이라는 세 가지에 초점을 맞춰 살펴보고 여러분 각자에게 주신 소명에 대해 말하며 설교를 마치려고 합니다. 설교를 듣는 중에 하나님이 여러분의 소명을 분명히 드러내 보여 주시길 기도합니다.

가난한 자

먼저, 가난한 자입니다. 여기서 우리가 주목해야 할 것은 네 가지입니다. 가난한 자에 대해서는 사도들이 한마음이었다는 것, 복음의 순수성과 더불어 언급할 만큼 중요한 문제였다는 것, 바울은 이를 행하고자 했을 뿐 아니라 간절히 열망했다는 것, 마지막으로 가난한 자들을 향한 열정과 우선순위는 그리스도에게서 왔다는 것입니다. 처음 세 가지는 10절에서 분명하게 드러납니다.

> 다만 우리에게 가난한 자들을 기억하도록 부탁하였으니 이것은 나도 본래부터 힘써 행하여 왔노라.

사도들은 모두 같은 의견입니다. 그들은 자신들이 공유한 복음과 더불어 가난한 자에 대해서도 의견을 같이합니다. 그리고 "나도 본래부터 힘써 행하여 왔노라"는 바울의 말에서 그가 얼마나 이 일을 간절히 원하는지가 분명히 드러납니다. 이것은 해야 할 의무가 아니라 축복입니다. 저도 가난한 자들을 축복하는 일이 너무나 좋습니다.

하지만 이러한 열정과 우선순위는 무엇에 근거한 것일까요? 바울의 경우에는 복음으로 인해 생겨난 마음이라고 해야 옳을 것입니다(고후 8:9). 용서 받은 마음은 다른 사람을 가엾게 여기는 마음입니다. 하지만 열두 사도의 경우에는, 긍휼이라는 새로운 마음을 갖게 되었을 뿐 아니라 예수님이 사셨던 방식에 대한 기억도 있었습니다.

- 심판의 환상을 언급한 마태복음 25장 35-36절에서 예수님은 이렇게 말씀하십니다.

내가 주릴 때에 너희가 먹을 것을 주었고 목마를 때에 마시게 하였고 나그네 되었을 때에 영접하였고 헐벗었을 때에 옷을 입혔고 병들었을 때에 돌보았고 옥에 갇혔을 때에 와서 보았느니라.

- 삭개오가 재산의 절반을 가난한 자들에게 나누어 주자 예수님은 이렇게 말씀하십니다.

오늘 구원이 이 집에 이르렀으니(눅 19:9).

구원 받은 증거는 가난한 자들에게 실제적이고 경제적으로 긍휼을 베푸는 것입니다.

- 예수님은 자신을 잔치에 초대한 사람에게 이렇게 말씀하십니다.

잔치를 베풀거든 차라리 가난한 자들과 몸 불편한 자들과 저는 자들과 맹인들을 청하라 그리하면 그들이 갚을 것이 없으므로 네게 복이 되리니 이는 의인들의 부활시에 네가 갚음을 받겠음이라(눅 14:13-14).

- 그리고 예수님은 누가복음 4장 18절에서 사역의 시작을 이렇게 선포하십니다.

> 주의 성령이 내게 임하셨으니 이는 가난한 자에게 복음을 전하게 하시려고.

예수님은 이 외에도 여러 곳에서 가난한 자에 대해 말씀하십니다. 그 요지는 이렇습니다. 사도들이 가난한 자들에 대한 사역이 중요하다는 데 동의한 것은 복음, 즉 십자가의 핵심에 근거한 것이고, 예수님이 직접 행하셨기 때문입니다. 사도들은 가난한 자들을 축복하기 원했습니다. 그 일은 기본적인 사역 가운데 하나였습니다. 이런 의미에서 오늘날 교회에서도 이것은 중요한 사역의 하나라고 결론 내릴 수 있습니다. 즉 선교를 하거나 교회에서 지속적인 사역을 할 때 가난한 자에 대한 사역을 중요하게 다루어야 합니다.

이것은 비단 가난한 그리스도인들에게만 국한되지 않습니다. 갈라디아서 6장 10절은 이렇게 말합니다.

> 그러므로 우리는 기회 있는 대로 모든 이에게 착한 일을 하되 더욱 믿음의 가정들에게 할지니라.

그렇습니다. 우리는 교회 내 가난한 식구들을 돌봐야 합니다. 하지만 그리스도의 마음은 믿지 않는 자들을 외면하지 않습니다. 바울은 로마서 12장 20절에서 이렇게 말했습니다.

네 원수가 주리거든 먹이고 목마르거든 마시게 하라.

그리스도의 마음을 갖고 사도들의 길을 따르는 그리스도인이라면, 가난한 자들을 기억하고 가능한 그들에게 많은 선을 베풀어야 합니다.

복음
이제 5절에 나오는 복음의 중심성과 순수성에 초점을 맞추어 본문을 다시 한 번 살펴보겠습니다.

> 그들에게 우리가 한시도 복종하지 아니하였으니 이는 복음의 진리가 항상 너희 가운데 있게 하려 함이라.

어느 누구도 불쾌감을 느끼지 않도록 복음을 상황에 맞춰 변형시키고 싶은 유혹이 들 때가 얼마나 많습니까! 특히 선교할 때 그렇습니다. 하지만 바울은 그렇게 하지 않았습니다. 유대 그리스도인들은 문화적으로나 종교적으로 할례가 필요하다고 생각했습니다. 이들과 평화하기 위해 바울이 그 의견을 따를 수는 없었을까요? 바울은 "한시도" 그 의견을 따르지 않았을 뿐 아니라, 그들을 "거짓 형제들"이라고 불렀습니다(4절). 정말로 강력한 표현 아닙니까? 오직 믿음으로 의인이라 칭함 받는 구원의 교리에서 조금이라도 빗나가는 것을 바울은 저주 받을 행위라고 말하고(갈 1:8) 그렇게 행하는 사람들을 거짓 형제들이라고 부릅니다.

따라서 요지는 이것입니다. 선교사들이 열방에 전하는 복음의 내용이 매우 중요하다는 것입니다. 선교사들은 복음을 정말로 정확하게 전해야 합니다! 교리는 문제되지 않는다고 말하는 선교사가 한 명도 없어야 합니다! 복음을 조금 바꾸는 것은 어느 누구에게도 해가 되지 않는다고 말하는 선교사가 한 명도 없어야 합니다! 복음을 타협하도록 압력을 받는 모든 선교사가 사도 바울처럼 이렇게 말해야 합니다. "그들에게 우리가 한시도 복종하지 아니하였으니 이는 복음의 진리가 항상 너희 가운데 있게 하려 함이라." 이것이 열방을 위해 국내에 있는 우리가 가져야 할 엄한 사랑입니다.

그리고 여기에는 가난한 자들도 포함됩니다. 모든 선교사가 예수님과 사도 바울처럼 말할 수 있기를 바랍니다. "주의 성령이 내게 임하셨으니 이는 가난한 자에게 복음을 전하게 하시려고"(눅 4:18). 이것이야말로 오직 그리스도의 보혈과 의에 근거한 진정한 복음입니다. 오직 믿음을 통해 오직 은혜로 의롭다 여김을 받는 진정한 복음입니다. 오직 하나님께만 영광을 돌리는 진정한 복음입니다. 죽을 가치가 있는 복음인 것입니다.

소명

마지막으로, 바울의 소명과 거기서 한 걸음 더 나아가 여러분의 소명을 깊이 생각해 보기 위해 본문을 다시 한 번 살펴보겠습니다. 위대한 복음의 약속과 소망이 로마서 10장 13절에 나옵니다.

누구든지 주의 이름을 부르는 자는 구원을 받으리라.

이 말씀은 한밤중에 두 명의 유대인이 쇠사슬에 매인 채 찬양하는 소리를 듣는 이방인 죄수들이 갇힌 빌립보의 한 감옥에도 해당됩니다. 방콕의 대도시 단지에도 해당됩니다. 파키스탄 산간지대에도 과테말라 빈민촌에도 해당됩니다. 미니애폴리스에 있는 소말리아 난민촌에도 해당됩니다. 멕시코에도 카자흐스탄에도 케냐에도 카메룬에도 러시아에도 파푸아뉴기니에도 필리핀에도 세네갈에도 일본에도 보스니아에도 독일에도 에티오피아에도 페루에도 볼리비아에도 에콰도르에도 브라질에도 체코에도 호주에도 시리아에도 코트디부아르에도 터키에도 중국에도 오만에도 아랍에미리트에도 영국에도 우즈베키스탄에도 인도네시아에도 인도에도 잠비아에도 해당됩니다. 하나님의 아들 예수 그리스도의 복음은 진실로 그분의 이름을 부르는 모든 사람을 구원합니다.

"하지만", 바울은 로마서 10장 14절 이하에서 이렇게 질문합니다.

그들이 믿지 아니하는 이를 어찌 부르리요 듣지도 못한 이를 어찌 믿으리요 전파하는 자가 없이 어찌 들으리요 보내심을 받지 아니하였으면 어찌 전파하리요 기록된 바 아름답도다 좋은 소식을 전하는 자들의 발이여 함과 같으니라.

이것이 바로 하나님이 바울을 위해 행하신 일입니다. 하나님은 바울을 부르셨고 그를 보내셨습니다. 오늘날에도 하나님은 이런 일을 행하십니다. 하나님은 사람들을 보내십니다. 하나님은 수천 가지 방식으로 이 일을 행하십니다. 하나님이 행하시는 방법은 아주 놀랍습니다. 지금 이 예배당에서도 그 일을 행하신다고 저는 믿습니다. 어떤 이들에게는 이제 막 깨닫게 하시고, 또 다른 이들에게는 깊은 확신을 주십니다.

바울에게 어떤 일이 일어났는지 갈라디아서 1장 15-16절을 살펴보겠습니다.

그러나 내 어머니의 태로부터 나를 택정하시고 그의 은혜로 나를 부르신 이가 그의 아들을 이방에 전하기 위하여 그를 내 속에 나타내시기를 기뻐하셨을 때에….

바울이 어떻게 말하고 있는지 잘 들어 보십시오. "그의 아들을 이방에 전하기 위하여 하나님이 그를 내 속에 나타내셨다. 하나님은 그의 아들을 내게 나타내셨고, 그로 인해 나는 선교사가 되었다. 바리새인의 유대주의 문화를 넘어 로마 세계에 있는 모든 형태의 이방인 문화로 나아갔다."

하나님이 여러분에게는 이 일을 어떻게 행하시는지 저는 잘 모릅니다. 우리가 갈 수밖에 없도록 우리를 감동시키시는 하나님의 방식이 있습니다. 우리는 이 모험에 뛰어들어야 합니다. 아직 복음을 듣지 못한 사람들과 가난한 사람들을 향해 나아가야 합니다. 지금은 이 둘이 거의 같은 개념임을 잘 아실 것입니다. 세계에서 가장 가난한 사람들의 85퍼센트가 북위 10도에서 40도 사이에 살고 있습니다(서아프리카에서 환태평양까지). 그리고 복음을 거의 듣지 못한 사람들의 95퍼센트가 바로 이 북위 10도에서 40도 사이에 살고 있습니다. 다른 말로 하면, 복음을 듣지 못한 사람들과 가장 가난한 사람들이 거의 같은 사람들이라는 것입니다.

복음을 듣지 못한 사람들을 향한 소명과 가장 가난한 사람들을 향한 소명은 거의 같은 말입니다. 하나님이 우리 가운데 더 많은 사람들을 세우셔서 그곳으로 보내시기를 기도합니다!

이제 여러분 가운데 하나님이 조만간 장기 타문화 선교로 부르실 거라고 믿는 분들이 있다면 강단 앞으로 나오기 바랍니다. 함께 기도해 드리겠습니다. 그리고 선교훈련 양육 프로그램을 신청하려는 분은 카드를 작성하여 내 주시기 바랍니다. 우리 선교부 리더들이 연락을 드리고 유용한 방식으로 도와 드릴 것입니다. 스스로 생각할 나이가 된 사람이라면 누구나 가능합니다. 청년이든, 기혼자든, 미혼이든, 중년이든, 노년이든 아무 상관없습니다. 하나님은 각 사람에게 맞는 방법을 갖고 계십니다. 하나님이 행하시는 일을 깨달으신 분들은 앞으로 나오기 바랍니다.

이것이 바로 가난한 사람들을 향한 사랑이고, 복음에 대한 확신입니다. 하나님의 인도하심과 공급하심을 깨닫고 있다는 증거입니다. 그냥 자리에 앉아 계신 분들은 보내는 선교사로 헌신하기로 다짐한 걸로 믿겠습니다. 자, 같이 기도합시다.

3부
선교의 대가와 축복

10
죽음을 각오하고 선교하기

휘튼대학교에서 전한 메시지
1996년 10월 27일

제 인생의 선교 선언문이자 우리 교회의 선교 선언문은 다음과 같습니다.

> 우리는 예수 그리스도를 통해 모든 사람이 기쁨을 누리도록 모든 일 속에서 하나님의 위대하심을 구하는 열정을 전파하기 위해 존재한다.

제가 이 선교 선언문을 좋아하는 이유가 많은데, 그중 하나는 이 일이 실패할 수 없음을 알기 때문입니다. 이 일은 하나님의 약속이기에 실패할 수 없습니다. 마태복음 24장 14절은 이렇게 말합니다.

> 이 천국 복음이 모든 민족에게 증언되기 위하여 온 세상에 전파되리니 그제야 끝이 오리라.

여기서 말하는 "민족"은 정치적인 국가를 의미하지 않고, 인종언어학적 그룹을 의미합니다. 우리는 모든 민족에게 복음이 전파될 것을 분명히 확신할 수 있습니다.

　이제 우리가 왜 이 말씀을 확신할 수 있는지 그 이유를 말씀드리겠습니다.

약속은 확실하다

이 약속은 몇 가지 이유에서 확실합니다.

1. 예수님은 결코 거짓말을 하지 않으십니다. 마태복음 24장 14절은 제가 아니라, 예수님이 하신 말씀입니다. 그리고 예수님의 말씀은 영원합니다.

> 천지는 없어질지언정 내 말은 없어지지 아니하리라(마 24:35).

따라서 우리가 동역하고 있는 이 선교는 끝나게 될 것입니다. 선교는 완성될 것이고, 여러분은 이 선교에 동역하여 승리를 맛보거나, 선교를 회피하며 삶을 낭비하게 될 것입니다. 이 두 가지 선택밖에 없습니다. "선교가 끝나리라는 보장이 없으니까, 차라리 뛰어들지 않는 게 최선일 거야"라고 말하며 중도의 선택을 하는 것은 불가능합니다. 그런 일은 일어나지 않습니다.

2. 모든 민족 가운데서 그들을 위한 몸값이 이미 지불되었습니다.
요한계시록 5장 9-10절은 이렇게 말합니다.

두루마리를 가지시고 그 인봉을 떼기에 합당하시도다 일찍이 죽임을 당하사 각 족속과 방언과 백성과 나라 가운데에서 사람들을 피로 사서 하나님께 드리시고 그들로 우리 하나님 앞에서 나라와 제사장들을 삼으셨으니 그들이 땅에서 왕 노릇 하리로다.

그들을 위한 몸값이 이미 지불되었고, 하나님은 자기 아들이 지불한 것을 결코 물리시지 않을 것입니다.

제가 좋아하는 모라비안 교도 이야기가 있습니다. 북부 독일에서 모라비안 교도 두 사람을 서인도제도 선교사로 파송했습니다. 그들은 서인도제도에서 스스로 종이 될 각오로 떠났고 독일로 다시 돌아올 생각은 꿈에도 하지 않았습니다. 배가 서인도제도 항구에 닿자 그들은 손을 올리며 이렇게 말했습니다. "어린양이여, 당신이 당하신 고통을 보상 받으소서." 그리스도께서 이미 서인도제도 사람들을 사셨다는 의미로 말한 것입니다. 그리고 그들은 성령의 인도하심을 따라 거침없이 복음을 선포했습니다.

이 일은 중단될 수 없습니다. 세계 어느 곳에 있든 하나님의 백성들이 갚아야 할 모든 빚이 청산되었기 때문입니다. 예수님이 잃어버린 양들이라고 부르는 그들이 세계 곳곳에 흩어져 있을지라도 아버지께서 복음을 선포하며 부르실 때 모두 모이게 될 것입니다.

3. 하나님의 영광이 걸린 문제입니다.

> 내가 말하노니 그리스도께서 하나님의 진실하심을 위하여 할례의 추종자가 되셨으니 이는 조상들에게 주신 약속들을 견고하게 하시고 이방인들도 그 긍휼하심으로 말미암아 하나님께 영광을 돌리게 하려 하심이라(롬 15:8-9).

성육신의 온전한 목적은 모든 민족에게 하나님의 긍휼을 드러냄으로 하나님 아버지께 영광을 돌리게 하려는 것이었습니다.

하나님의 영광은 지상명령에 달려 있습니다. 17년째 함께 사역하고 있는 톰 스텔러(Tom Steller)와 저는 1983년 베들레헴 침례교회에서 아주 놀라운 방식으로 하나님을 만났습니다. 톰은 한밤중에 잠을 잘 수 없어서 존 마이클 탈봇(John Michael Talbot)의 음악을 틀고 소파에 누워 있다가 갑자기 선교에 대한 새로운 깨달음을 얻었습니다. "우리는 하나님의 영광을 드러내도록 지음 받은 사람들이다. 그런데 우리는 아직 마땅한 방식으로 선교를 이해하지 못하고 있다." 존 마이클 탈봇은 물이 바다를 덮음같이 온 땅에 가득한 하나님의 영광을 노래하고 있었고, 톰은 한 시간 동안

흐느껴 울었습니다. 같은 시간, 하나님은 저와 노엘에게 찾아오셔서 이렇게 물으셨습니다. "이 교회를 선교의 전진기지로 만들기 위해 무엇을 할 수 있겠느냐?" 그 순간을 기점으로 우리 교회는 새로운 생명을 얻었고, 하나님의 영광을 구하는 열정으로 모든 일을 하기 시작했습니다.

4. 하나님이 주관하십니다.

하나님이 주관하십니다! 히브리서를 연속으로 설교해 오던 중 몇 주 전에는 히브리서 6장을 설교했습니다. 알다시피, 히브리서 6장은 믿는 사람이 타락했을 때 그를 그리스도인으로 보아야 하는지 그렇지 않은지를 다루는 어려운 본문입니다. 히브리서 6장 1-3절에 이 놀라운 진술이 나옵니다.(제가 칼빈주의자인 이유를 보여 주는 방대한 성경적 증거 가운데 지극히 작은 부분에 지나지 않지만 말입니다!)

…교훈의 터를 다시 닦지 말고 완전한 데로 나아갈지니라 하나님께서 허락하시면 우리가 이것을 하리라.

우리가 이 말씀을 살펴보던 그 당시, 회중 가운데 믿을 수 없을 정도로 침묵이 흘렀습니다. 이 말씀에는 '하나님은 믿는 자들이 완전한 데로 나아가도록 허락하지 않을 수도 있다'는 의미가 함축

되어 있기 때문입니다.

하나님이 주관하십니다! 하나님이 교회를 다스리시고, 열방을 다스리십니다! 몇 주 전에 〈크리스채너티 투데이〉(*Christianity Today*)에 이에 대한 증언이 될 만한 기사가 하나 실렸습니다. 이 기사는 짐 엘리엇, 네이트 세인트, 피트 플레밍, 로저 유데리안, 에드 맥컬리의 이야기를 다시 전했습니다. 스티브 세인트는 자기 아버지가 에콰도르 아우카 인디언에게 창에 찔린 이야기를 들려주었습니다. 그는 아우카족에 대한 새로운 사실을 알게 되었는데 그 흥미로운 사실에 따르면, 그때의 살인은 일어날 필요가 없었고 일어날 것 같지도 않았고 일어날 수도 없었습니다. 그런데 그 일은 일어났습니다. 그는 사건의 전모를 다 알게 된 후에 이 기사를 썼습니다.

거실 의자에 앉아서 이 기사를 읽는데, 한 문장이 저를 충격에 빠뜨렸습니다. 그는 이렇게 말했습니다.

그 당시를 회상하는 원주민들의 이야기를 들으면서, 그 해변에서 일어난 학살이 얼마나 일어날 법하지 않은 일이었는지 새삼 실감했습니다. 그 일은 하나님의 개입이 아니고서는 절대 설명될 수 없는 일이었습니다.

"하나님이 개입하셔서 제 아버지가 창에 찔렸다고밖에 설명할 수 없습니다." 스티브 세인트의 이 말이 이해가 되십니까? "하나님이제 아버지를 죽이셨습니다." 그는 그렇게 믿고, 저도 그렇게 믿습니다.

요한계시록 6장 10절에 의하면, 보좌가 놓인 방이 보이고 복음을 위해 피를 흘린 순교자들이 이렇게 부르짖는 소리가 들립니다.

우리 피를 갚아 주지 아니하시기를 어느 때까지 하시려 하나이까?

이런 대답이 들려옵니다.

각각 그들에게 흰 두루마기를 주시며 이르시되 아직 잠시 동안 쉬되 그들의 동무 종들과 형제들도 자기처럼 죽임을 당하여 그 수가 차기까지 하라 하시더라(11절).

하나님은 "내가 정한 수가 찰 때까지 쉬라"고 말씀하십니다. 하나님은 순교자의 수를 정하고 계십니다. 그 수가 찰 때 종말이 올 것입니다.

그 값은 고난이다

그 값은 고난이고, 교회에 맞서는 세상의 변덕성은 오늘날에도 줄어들지 않고 있습니다. 변덕성은 특히 복음이 필요한 사람들 사이에서 증가하고 있습니다. 폐쇄된 나라는 이제 더 이상 존재하지 않습니다. 낯선 개념입니다. 그런 개념은 성경에서도 찾아볼 수 없고, 온 도시를 다니며 인생을 바친 사도 바울은 절대 이해할 수 없을 것입니다. 그러므로 지금 이 자리에도 순교자들은 있습니다.

이것을 통계학적으로도 예측해 볼 수 있습니다. 최근 어느 주일날, 고난당하는 교회에 대해 집중적으로 다룬 적이 있었는데, 이 자리에 계신 분들도 많이 참석하셨습니다. 세계선교회가 제공한 비디오와 간증을 통해, 무슬림 정권이 체계적으로 그리스도인들을 추방하고 한곳으로 몰아 굶주리게 해서 하루에 5백여 명의 순교자를 냈던 수단과 같은 나라에 대해 알게 되었습니다.

미니애폴리스 중심가에 있는 우리 교회에는 직원으로 일하려고 찾아오는 사람들이 많습니다. 우리가 도심지에 살다 보니, 그 사람들이 첫 번째로 묻는 질문은 이것입니다. "아이들이 안전합니까?" 그럴 때마다 저는 이렇게 말하고 싶습니다. "그 질문을 첫 번째로 하기보다 열 번째에 하면 안 되시겠습니까?" 그런 질문은 정말 지겹도록 들었습니다. 우리가 우선순위에 놓고 있는 것들에 지쳤습니다. 하나님이 주신 사명을 감당하는 데 자녀가 안전할 거라고 누가 말했습니까?

국제 예수전도단(Youth With A Mission)은 무모할 정도로 급진적인 선교단체인데, 제가 정말 좋아합니다. 9월 1일에 이런 내용의 메일을 받았습니다.

칼을 든 150명의 남자들이 인도에 있는 예수전도단 본부를 에워쌌습니다. 그 폭도들은 다른 종교 단체가 그들을 쫓아내려고 하자 도발한 것입니다. 폭도들이 밀고 들어올 때, 누군가 중요한 순간에 예수전도단을 대변해 강력하게 변호했습니다. 그러자 폭도들은 한 달을 줄 테니, 그곳을 떠나라고 했습니다. 예수전도단은 절대 그곳을 떠나서는 안 되고, 그 도시에서 하던 모든 사역이 걸린 문제라고 느끼고 있습니다. 예전에는 전혀 복음이 전파되지 않았던 곳인데 지금은 많은 열매를 맺고 있으며, 앞으로 더 많은 열매를 맺을 것이기 때문입니다. 과거에 경쟁하던 종교 단체 사이에서 폭력이 행사되어 많은 사람이 목숨을 잃었습니다. 그들이 지혜롭게 이 사태를 해결할 수 있도록 부디 기도해 주십시오.

지금 이 상황은, 가령 우리가 어디서 살지를 결정할 때 보이는 행동과 정반대되는 행동을 보여 줍니다. 저는 사람들이 "나는 절대로 떠나지 않을 겁니다. 이곳은 내가 사명을 받은 곳이고, 내가 있어야 할 곳입니다"라고 말하는 걸 들어본 적이 없습니다. 사랑하는 여러분, 자기중심적인 우선순위를 바꾸는 데 동참하시지 않겠습니까? 우리는 소비문화에 길들여져 안락함과 안전, 편리함을 추구합니다. 최대한 스트레스를 피하고 문제를 피하고 위험을 피하려고 합니다. 오히려 이와 정반대가 되어야 합니다! 예수님은 이렇게 말씀하셨습니다.

누구든지 나를 따라오려거든 자기를 부인하고 자기 십자가를 지고 나를 따를 것이니라(마 16:24, 막 8:34, 눅 9:23).

그래서 저는 이런 문화를 거부합니다! 소비, 안락함, 편리함을 추구하는 문화가 교회 안에도 스며들어 있습니다. 서로를 위해 안전하고 확실하고 좋은 것만 하는 사역이나 교회가 되어서는 안 됩니다. 다른 사람의 생명을 구하는 일에 안전한 여행을 할 수는 없습니다. 하지만 우리는 사우디아라비아는 고사하고, 국내에서도 조금이라도 안전하지 않은 곳에는 결코 머물려고 하지 않습니다!

몇 주 전, 암스테르담에서 그렉 리빙스톤(Greg Livingstone)이 이끄는 국제 프론티어스(Frontiers) 선교단체 사람들에게 강의를 한 적이 있습니다. 프론티어스는 정말 멋진 단체입니다. 매일 무슬림들 사이에서 생명을 걸고 일하는 5백 명의 사람들이 제 앞에 앉아 있었습니다. 그리고 그들의 이야기를 들었습니다! 컨퍼런스가 진행되는 동안 그들에게 이메일이 오면 그들은 일어나 이메일을 읽으며 이렇게 말했습니다.

X를 위해서 기도해 주십시오. 그가 어제 가슴에 칼을 세 차례나 맞았다고 합니다. 더 마음 아픈 것은 자녀들이 보는 앞에서 그런 일이 일어났다는 것입니다. 그는 병원으로 이송되었는데, 중태라고 합니다.

그리고 뒤이어 이렇게 말했습니다. "무슬림 세계에서 선교사로 산다는 것이 바로 이런 것입니다. 이제 그를 위해 기도합시다." 우리는 함께 기도했습니다. 다음 날 또 다른 이메일이 왔는데, 이번에는 모로코에서 여섯 명의 그리스도인 형제들이 체포되었다는 내용이었습니다. "그들을 위해 함께 기도합시다"라는 말과 함께 우리는 기도했습니다. 컨퍼런스 내내 이런 일은 계속되었습니다. 그리고 컨퍼런스가 끝나자 선교사들은 모두 사역지로 돌아갈 채비를 했습니다.

제가 이 일을 경험하고도 예전과 똑같이 사역할 수 있겠습니까? 회중 앞에 서서 "자, 편안하게 예배를 잘 드리십시오"라고 말할 수 있겠습니까? 골고다는 예루살렘 근교가 아닙니다.

> 그런즉 우리도 그의 치욕을 짊어지고 영문 밖으로 그에게 나아가자(히 13:13).

고난도 수단이다

지금까지 순교자가 있을 것이고, 고난이 따를 것이라고 말씀드렸습니다. 하지만 선교에서 감수해야 할 가장 중요한 대가는 아직 말씀드리지 않았습니다. 그 이유는 고난은 수단이지 단순히 대가가 아니기 때문입니다. 고난은 수단입니다.

이제 정말 중요한 구절을 여러분에게 읽어 드리겠습니다. 골로새서 1장 24절입니다. 몇 년 전에 이 말씀을 새롭게 깨달을 기회가 있었습니다. 이제 제가 이 말씀을 어떻게 이해하는지 보여 드리겠습니다.

바울은 '나는 이제 괴로움을 기뻐한다'고 말합니다. 정말 이상한 사람입니다. '괴로움을 기뻐한다'는 말은 매우 반문화적이고 반인간적인 말입니다. "나는 이제 너희를 위하여 받는 괴로움을 기뻐하고 그리스도의 남은 고난을 그의 몸된 교회(즉 하나님이 택하신 백성들의 모임)를 위하여 내 육체에 채우노라." 이제 거의 신성모독 수준입니다. 위대한 하나님이자 구원자이신 예수 그리스도의 남은 고난을 채운다는 것은 도대체 무엇을 의미할까요?

여기서 바울은 예수 그리스도의 보혈의 공로와 구속의 가치를 자신이 향상시키겠다고 말하는 것이 아닙니다. 그런 의미가 아닙니다. 그렇다면 도대체 어떤 의미일까요?

제 컴퓨터에 성경 검색 프로그램이 있는데, '채우다'(혹은 '완성하다')와 '남은'에 해당하는 헬라어를 한번 쳐 보았습니다. 그러자 성경에서 이 두 단어가 함께 나오는 곳이 한 군데 더 있었습니다. 바로 빌립보서 2장 30절입니다.

이 말씀의 배경은 이렇습니다. 빌립보 교회가 에바브로디도를 로마에 있는 바울에게 보낸 상황이었습니다. 에바브로디도는 목숨을 걸고 로마에 갔고, 바울은 목숨을 걸고 온 그를 칭찬합니다. 바울은 빌립보 교회를 향해서 이런 사람을 존귀히 영접하라고 말합니다. 에바브로디도는 죽을 정도로 아팠음에도 불구하고 자신이 맡은 사역을 위해 목숨을 걸었기 때문입니다. 우리가 앞서 언급한 두 단어가 사용된 중요한 구절입니다.

> 그가 그리스도의 일을 위하여 죽기에 이르러도 자기 목숨을 돌보지 아니한 것은 나를 섬기는 너희의 일에 부족함을 채우려 함이니라(to complete what was lacking).

이 두 단어가 함께 나온 다른 경우는 이 본문이 유일합니다. "나를 섬기는 너희의 일에 부족함을 채우려 함이니라." 백년 된 빈센트 주석을 꺼내 이 구절을 찾아 읽었습니다. 저는 이 구절에 대한 설명이 골로새서 1장 24절도 완벽하게 해석한다고 생각합니다. 빈센트는 이렇게 주해하고 있습니다.

> 바울이 빌립보 교인들에게 받은 선물은 몸된 교회의 선물이었다. 희생적으로 모은 사랑의 헌금이었다. 그러나 빌립보 교회는 이 헌금을 직접 바울에게 전할 수 없었다. 이것이 바로 바울이 말한 '너희의 일에 부족함'이었다. 그리고 에바브로디도가 사랑의 마음으로 열정을 다해 이 헌금을 바울에게 전했기에, 바울은 그가 '부족함을 채웠다'고 말한 것이다.

즉 교회는 로마에 있는 바울에게 돈이라는 형태로 사랑을 전하고 싶은데, 그렇게 할 수 없는 상황입니다. 로마는 너무 멉니다. 그래서 그들은 이렇게 말합니다. "에바브로디도, 우리를 대신하여 우리가 다하지 못한 사랑을 채워 주게. 우리의 사랑에 부족함이 있다면, 그곳에 직접 가서 우리의 사랑을 표현할 수 없다는 걸세. 그러니 우리의 사랑을 바울에게 전해 주게."

저는 이것이 바로 골로새서 1장 24절이 의미하는 바라고 생각합니다. 예수님은 전 세계 모든 나라에 있는 사람들을 위해 고난 당하시고 죽으십니다. 그런 다음 예수님은 장사되고, 성경에 따르면 제삼일에 부활하십니다. 그런 다음 예수님은 하늘로 올라가 세상을 통치하십니다. 그리고 해야 할 일을 남겨 두십니다.

바울은 자신의 선교를 예수님의 고난에서 한 가지 부족한 것을 채우는 것이라고 이해했습니다. 그리스도께서 주신 사랑은, 선교사들을 통해 그리스도께서 위하여 죽은 사람들에게 직접 전해져야 합니다. 그래서 바울은 이렇게 말합니다. "너희를 위하여 받는 괴로움으로 인해 나는 이 일을 행한다. 내 고난 안에서 그리스도의 남은 고난을 채운다." 이 말은 그리스도께서 그분의 백성, 즉 십자가에서 그분이 위하여 죽은 모든 민족에게 선교사들의 고난을 통해 지상명령이 전해지기를 원하신다는 것입니다. 이것이 지상명령이 완수되는 방법입니다. 여러분이 지상명령에 동참한다면, 바로 이 일에 동참하는 것입니다.

3년 전 즈음에, 「열방을 향해 가라」 작업을 하느라고 일리노이 주 디어필드에 있는 트리니티 신학교에 숨어 있었습니다. 제가 거기 있는 걸 아무도 몰라야 방해 받지 않을 터라 숨어 있었던 것입니다. 아내와 아이들은 집에 있고, 저는 하루에 18시간씩 작업을 했습니다.

그러다가 오스왈드 샌더스(Oswald Sanders) 목사님이 예배에 오신다는 소식을 들었습니다. 그분은 89세입니다. 위대한 선교 지도자입니다. 그래서 저는 혼잣말로 이렇게 중얼거렸습니다. "공개 석상에 모습을 드러내면 많은 사람들과 이야기를 나눠야 하고 식사 자리나 이런저런 모임에 불려 다닐 텐데, 그러다가 작업을 마치지 못하면 어쩌지?" 하지만 저는 그분의 설교를 꼭 듣고 싶었습니다. 그래서 예배당 뒷자리로 몰래 들어가 설교를 들었습니다. 89세의 노인이 그곳에 서 있는데, 저도 89세가 되면 저렇게 되고 싶다는 열망과 존경심이 물밀 듯 밀려왔습니다. 목사님은 골로새서 1장 24절을 분명히 보여 주는 한 이야기를 들려주셨습니다.

예전에 인도에 한 전도자가 있었는데, 그는 이 마을 저 마을로 다니며 복음을 전했다고 합니다. 그는 교육을 받지 못했고 단순한 사람이었지만 온 마음을 다해 예수님을 사랑했고 자기 삶을 온전히 바칠 준비가 되어 있었습니다. 그가 복음을 듣지 못한 어느 마을에 이르렀습니다. 늦은 오후라 많이 피곤했지만, 그는 마을로 들어가 목소리를 높여서 광장에 모인 사람들에게 복음을 전했습니다. 그러자 마을 사람들이 그를 모욕하고 조롱하며 마을 밖으로 끌어냈습니다. 그는 너무 지치고 감정적으로 고갈되어서 몹시 낙망한 채로 나무 아래 누웠습니다. 다시 깨어나지 못할 수도 있겠다고 생각하며 잠이 들었습니다. 마을 사람들이 그를 죽이러 올 것이 뻔했습니다.

갑자기 해가 진 뒤에 그는 깜짝 놀라 잠에서 깨어났습니다. 온 마을 사람들이 둘러서서 자신을 보고 있는 것 같았습니다. 그는 '이제 죽었구나' 하고 생각했습니다. 온몸이 덜덜 떨렸습니다. 그때 마을에서 가장 덩치가 큰 사람이 이렇게 말했습니다. "당신이 어떤 사람인지 보려고 이렇게 왔소. 발에 물집이 잡힌 걸 보아하니 당신은 거룩한 사람이 분명하오. 왜 발에 물집이 잡히면서까지 우리에게 와서 말하려고 했는지 듣고 싶소." 그래서 그는 복음을 전했습니다. 오스왈드 샌더스 목사님의 말에 의하면, 온 마을 사람들이 믿게 되었다고 합니다. 이것이 바로 바울이 "그리스도의 남은 고난을 내 육체에 채우노라"고 말한 의미입니다.

오스왈드 샌더스 목사님에 대한 작은 일화가 하나 더 있습니다. 89세인 그분은 이렇게 말씀하셨습니다. "저는 일흔부터 지금까지 일 년에 한 권씩 책을 쓰고 있습니다." 70세 이후에 책을 열여덟 권이나 쓰다니요! 65세 이후에 무슬림을 위해 자기 삶을 드린 레이먼드 룰(Raymond Lull)처럼 살아야 마땅한데, 우리 교회나 우리나라 전역에는 얼마나 많은 사람이 그저 골프장에서 나머지 인생을 바치고 있습니까!

12세기 동양학자이자 무슬림 선교사인 레이먼드 룰은 은퇴하고 나서 이탈리아로 돌아옵니다. 그는 한동안 동양 언어를 연구하다가 결국에는 그만두고 이렇게 질문하기 시작합니다. "내가 지금 뭘 하고 있는 거지? 여기 이탈리아에서 그냥 죽으려는 건가? 지중해를 건너가 알제리에서 죽어야 하지 않을까?" 알제리에서 대놓고 복음을 전했다가는 죽는다는 사실을 알면서도 그는 80세 즈음에 배를 타고 지중해를 건넙니다. 그는 한동안은 드러내지 않고 교회를 격려하며 지내다가 어느 순간 지금이 가장 좋은 때라고 생각합니다. 그래서 일어나 설교를 했고 그들은 그를 죽입니다. 그가 선택한 길이었습니다!

60세 된 분들은 잘 들으십시오. 저는 지금 50세입니다. 저도 곧 그 나이가 됩니다. 가끔 미국은퇴자협회에서 편지가 오는데, 제 이름을 거기에 올리면 기차 값이며 비행기 값을 할인 받을 수 있다고 하더군요. 저도 거의 은퇴할 나이가 된 것이지요. 그러면 저는 혼자 이렇게 중얼거립니다. "순교해도 아무것도 잃을 것이 없을 정도로 나이 들면, 그때 교통요금을 할인 받자." 어쩌면 우리 교인들도 제가 이렇게 말하는 걸 들었을지도 모르겠습니다.

우리는 왜 40년이나 50년 열심히 일했으면 왕이신 하나님을 만나기 전 마지막 15년은 놀아야 한다고 생각하는 것일까요? 저는 그렇게 생각하지 않습니다. 이것은 모든 사람들이 하는 거짓

말에 불과합니다. 65세가 되어도 우리는 강건합니다. 70세에도 강건합니다. 저희 아버지는 77세입니다. 저희 어머니는 이스라엘에서 버스 사고로 돌아가셨는데, 아버지도 그 사고로 거의 돌아가실 뻔했습니다. 사고가 난 지 열흘 후에 제가 아버지를 모셔 왔는데, 구급차에 어머니의 시신도 있었습니다. 아버지의 등에 난 상처가 너무 심해서 꿰매지도 못하고 애틀랜타에서 그린빌까지 왔습니다. 아버지는 오는 내내 이렇게 말씀하셨습니다. "하나님은 분명 나를 향한 목적이 있으실 거야. 하나님은 분명 나를 향한 목적을 갖고 계셔!"

그 후로 22년이 지났고, 저희 아버지의 삶은 사역을 통해 더 넓어졌습니다! 지금 77세인 아버지는 그 어느 때보다 더 열정적으로 열방을 위해 일하고 계십니다. 아버지는 사우스 캐롤라이나 주 이슬리에서 강의를 준비하십니다. 하나님이 저희 아버지의 생명을 살려 두시고 은퇴를 믿지 않게 하신 덕에, 매년 60개국에서 만 명이 넘는 사람이 예수님을 믿고 있습니다.

받을 상은 만족함이다

이제 마지막 논점입니다. 우리가 어떻게 해야 이렇게 선교를 열망할 수 있을까요? 어디서 이런 열정을 얻을 수 있을까요? 여러분은 이렇게 선교할 준비가 되어 있다고 느끼십니까? 이 열정을 내면 깊숙이 간직하고 있다고 생각하십니까?

스티븐 닐(Stephen Neill)의 「기독교 선교의 역사」(A History of Christian Missions)를 읽어 보기 바랍니다. 1500년대 일본에 복음이 전해진 후에 어떤 일이 일어났는지가 담겨 있습니다. 일본 천황은 자신들의 종교 영역에 기독교 신앙이 유입된 것을 엄청난 위협으로 여기고 기독교 신앙을 없애야 한다고 굳게 믿습니다. 결국 그는 기독교 신앙을 아주 잔인하게 완전히 없애 버렸습니다! 일본에서 교회는 사라져 버렸습니다. 저는 현재 일본이 겪는 어려움과 난관은 1600년대 초 사탄이 단기간에 이룬 엄청난 승리의 대가라고 믿어 의심치 않습니다.

27명의 예수회 수사와 15명의 탁발 수사, 그리고 5명의 평신도 성직자가 그 추방 명령에서 간신히 살아남았습니다. 유럽인 순교자가 처음 나온 것은 1617년 4월이 되어서였습니다. 1명의 예수회 수사와 1명의 프란체스코회 수사가 당시 오무라에서 처형당했고, 1명의 도미니크회 수사와 1명의 아우구스티누스회 수사가 얼마 후 같은 지역에서 처형당했습니다. 박해당하는 희생양들에게 온갖 잔혹한 짓이 저질러졌습니다. 일본 그리스도인들에게는 일반적으로 십자가형이 행해졌습니다. 한 예로, 에도에서는 70명의 일본 그리스도인들이 십자가에 거꾸로 매달린 채로 밀물이 들어올 때 익사하고 말았습니다.

저는 사흘 전에 이 책을 읽고 너무나 고통스러웠습니다. 한쪽에는 아내가, 다른 한쪽에는 열여섯 살된 자녀가 십자가에 거꾸로 매달린 채로 밀물에 익사하는 모습을 충분히 상상할 수 있었습니다.

여러분은 준비가 되어 있습니까? 여러분은 이런 일을 당할 준비가 되어 있다고 생각하십니까? 아니요, 그렇지 않습니다. 어느 누구도 이런 일을 당할 준비가 되어 있지 않습니다. 그러면 어디서 이런 용기를 얻을 수 있을까요? 저는 바로 이 부분을 나누면서 설교를 마치고자 합니다.

여러분이 하나님의 약속을 믿을 때 이런 용기를 가질 수 있습니다. 히브리서 10장 32-34절은 제가 가장 좋아하는 말씀인데, 우리에게 이렇게 살 수 있는 힘을 줍니다.

> 전날에 너희가 빛을 받은 후에 고난의 큰 싸움을 견디어 낸 것을 생각하라 혹은 비방과 환난으로써 사람에게 구경거리가 되고 혹은 이런 형편에 있는 자들과 사귀는 자가 되었으니(32-33절).

이제 여기서 잠깐 멈추고 지금 읽은 본문이 어떤 상황인지 설명해 드리겠습니다. 초대교회 초기에 박해가 일어났습니다. 몇몇 사람들은 공개적으로 고난당했는데, 다른 사람들은 이들을 동정했습니다. 다음 성경구절을 보면, 감옥에 갇힌 사람들이 있었고 그들을 찾아간 사람들이 있었음을 알 수 있습니다. 감옥 밖에 있는 사람들은 결단해야 했습니다. 당시 감옥에 갇힌 사람들은 아마도 필요한 음식이나 물 등 육체적 생존에 필요한 모든 것을 다른 사람의 도움에 의존했을 것입니다. 하지만 친구나 동료들이 공개적으로 그들을 도울 수는 없었습니다. 그리스도인이라는 이유 때문에 감옥에 갇힌 그들을 공개적으로 돕는 일은 위험했습니다. 그래서 아직 감옥에 갇히지 않은 사람들은 몇 시간 동안 지하로 들어가 이렇게 질문했습니다. "우리가 뭘 해야 하지?" 그러자 누군가 이렇게 말했습니다. "시편 63편 3절에 보면, '주의 인자하심이 생명보다 낫다'고 하셨어요. 주의 인자가 생명보다 낫습니다. 우리 같이 갑시다!"

그 자리에 마르틴 루터가 있었더라면, 아마 이렇게 말했을 것입니다.

> 친척과 재물과 명예와 생명을
> 다 빼앗긴대도 진리는 살아서
> 그 나라 영원하리라.

우리 같이 갑시다!

그들은 곧바로 그렇게 했습니다. 여기에 그 다음 내용이 나옵니다. 히브리서 10장 34절입니다.

너희가 갇힌 자를 동정하고 너희 소유를 빼앗기는 것도 기쁘게 당한 것은 더 낫고 영구한 소유가 있는 줄 앎이라.

실제로 일어난 일입니다. 상상으로 그려 낸 일이 아닙니다. 세부 사항을 정확히 알 수는 없지만, 분명히 일어난 일입니다. 그들은 갇힌 자를 동정했습니다. 이 말은 그들이 갇힌 자들을 찾아갔다는 것을 의미합니다. 아마도 그 일로 인해 폭도들이 그들의 집, 마차, 말, 노새, 목공품, 의자 등을 불태웠을 것입니다. 혹은 큰 칼을 든 사람들이 그들의 집을 발칵 뒤집고 온 재산을 거리로 내던졌을 것입니다. 그리고 그들은 자기 어깨너머로 벌어지는 일들을 보며 기뻐했을 것입니다.

지금 여러분의 모습이 이렇지 않다면, 가령 여러분이 사역하려는 대상이 여러분의 컴퓨터를 부수거나, 여러분이 사역하려고 시내로 차를 몰고 가는데 사람들이 자동차 앞 유리를 깨고 오디오를 가져가고 타이어를 펑크 냈을 때 그 모습을 보고 기뻐하지 않는다면, 여러분은 순교하기에 아주 적합한 사람은 아닐 것입니다. 그래서 이렇게 질문해야 합니다. "어떻게 해야 그들처럼 할 수 있을까?" 사랑하는 여러분, 저도 그들처럼 되고 싶습니다. 그래서 저는 이 본문을 좋아합니다! 저는 그들과 같아지고 싶습니다.

그들과 똑같이 행동하자고 주장하지는 않겠습니다. 다만 저는 그들처럼 되고 싶습니다. 그래서 돌멩이가 우리 집 부엌 창문으로 날아와—지난 두 달 간 이런 일이 두 번 있었습니다—유리가 깨져서 아내와 아이들이 총알이나 수류탄인 줄 알고 허둥댈 때, 이렇게 말하고 싶습니다. "우리가 살기 딱 좋은 곳이네!" 여기가 바로 복음이 필요한 곳입니다. 여러분은 방금 다섯 명의 십대가 차를 타고 지나가는 걸 보지 않았습니까? 그들은 예수님이 필요합니다. 제가 여기서 이사한다면, 누가 그들에게 예수님을 전하겠습니까?

어떤 아이들이 여러분의 어린 아들의 자전거를 빼앗아 타고 가 버려서 아들이 울 때, 여러분이 아들을 안고 이렇게 말한다면 좋겠습니다. "바나바야, 선교사가 되는 건 이런 거야. 이제 이곳이 우리의 선교지란다. 정말 멋지지 않니!"

저는 아직 본문에서 말하는 주요 논점은 말씀드리지 않았습니다. 그들은 재산을 빼앗기고 생명이 위협 받는 상황에서 어떻게 기뻐할 수 있었을까요? 여기 그 답이 있습니다.

더 낫고 영구한 소유가 있는 줄 앎이라.

이것이 바로 제가 "장래의 은혜에 대한 믿음"이라고 부르는 것입니다.

여러분이 그리스도인이라면, 하나님은 말로 표현할 수 없을 만큼 놀라운 약속들로 여러분을 붙들고 계십니다. "내가 결코 너희를 버리지 아니하고 너희를 떠나지 아니하리라 하셨느니라 그러므로 우리가 담대히 말하되 주는 나를 돕는 이시니 내가 무서워하지 아니하겠노라 사람이 내게 어찌하리요 하노라"(히 13:5-6). 실제로 누군가가 여러분을 죽일 수도 있습니다. 하지만 그것이 패배를 의미하지는 않습니다. 우리는 로마서 8장 36-39절에서 이렇게 말하는 것을 알기 때문입니다.

우리가 종일 주를 위하여 죽임을 당하게 되며 도살당할 양같이 여김을 받았나이다 함과 같으니라 그러나 이 모든 일에 우리를 사랑하시는 이로 말미암아 우리가 넉넉히 이기느니라 내가 확신하노니 사망이나 생명이나 천사들이나 권세자들이나 현재 일이나 장래 일이나 능력이나 높음이나 깊음이나 다른 어떤 피조물이라도 우리를 우리 주 그리스도 예수 안에 있는 하나님의 사랑에서 끊을 수 없으리라.

그러므로 그 무엇도 궁극적으로 우리를 해할 수 없습니다. 예수님이 누가복음 21장 12-19절에서 하신 말씀을 기억하십시오.

너희를 넘겨주어 너희 중의 몇을 죽이게 하겠고…너희 머리털 하나도 상하지 아니하리라.

"너희를 넘겨주어 너희 중의 몇을 죽이게 하겠고…너희 머리털 하나도 상하지 아니하리라." 이것은 로마서 8장과 같은 말씀입니다. 모든 것이, 즉 죽음까지도 합력하여 선을 이룹니다. 죽는다고 멸망하는 것이 아닙니다. 죽는 것이 유익입니다.

죽는 것이 유익일 때 선교하는 것은 세상에서 가장 고귀한 삶입니다.

그래서 저는 여러분이 저와 함께 일어나 안전과 편안함, 안락과 휴식, 은퇴와 공허함을 추구하는 생활방식에서 벗어나기를 기도합니다. 그런 삶은 버리고 놀라울 정도로 강력한 이 운동에 동참하십시오. 전 세계에는 한국처럼 그리스도를 위해 분연히 일어나 자신의 삶을 바칠 준비가 된 수많은 학생들이 있습니다. 여러분도 그렇게 하기를 초청합니다.

11
내가 너희를 보냄이 양을
이리 가운데로 보냄과 같도다

2007년 10월 21일

보라 내가 너희를 보냄이 양을 이리 가운데로 보냄과 같도다 그러므로 너희는 뱀같이 지혜롭고 비둘기같이 순결하라 사람들을 삼가라 그들이 너희를 공회에 넘겨주겠고 그들의 회당에서 채찍질하리라 또 너희가 나로 말미암아 총독들과 임금들 앞에 끌려가리니 이는 그들과 이방인들에게 증거가 되게 하려 하심이라 너희를 넘겨 줄 때에 어떻게 또는 무엇을 말할까 염려하지 말라 그때에 너희에게 할 말을 주시리니 말하는 이는 너희가 아니라 너희 속에서 말씀하시는 이 곧 너희 아버지의 성령이시니라 장차 형제가 형제를, 아버지가 자식을 죽는 데에 내주며 자식들이 부모를 대적하여 죽게 하리라 또 너희가 내 이름으로 말미암아 모든 사람에게 미움을 받을 것이나 끝까지 견디는 자는 구원을 얻으리라 이 동네에서 너희를 박해하거든 저 동네로 피하라 내가 진실로 너희에게 이르노니 이스라엘의 모든 동네를 다 다니지 못하여서 인자가 오리라 제자가 그 선생보다, 또는 종이 그 상전보다 높지 못하나니 제자가 그 선생 같고 종이 그 상전 같으면 족하도다 집 주인을 바알세불이라 하였거든 하물며 그 집 사람들이랴 그런즉 그들을 두려워하지 말라 감추인 것이 드러나지 않을 것이 없고 숨은 것이 알려지지 않을 것이 없느니라 내가 너희에게 어두운 데서 이르는 것을 광명한 데서 말하며 너희가 귓속말로 듣는 것을 집 위에서 전파하라 몸은 죽여도 영혼은 능히 죽이지 못하는 자들을 두려워하지 말고 오직 몸과 영혼을 능히 지옥에 멸하실 수 있는 이를 두려워하라 참새 두 마리가 한 앗사리온에 팔리지 않느냐 그러나 너희 아버지께서 허락하지 아니하시면 그 하나도 땅에 떨어지지 아니하리라 너희에게는 머리털까지 다 세신 바 되었나니 두려워하지 말라 너희는 많은 참새보다 귀하니라_ 마 10:16-31

예수님은 위대한 구원 사역을 마치시고, 그분을 믿게 될 수백만의 사람들을 구하기 위해 생명을 주시고, 죽은 자 가운데서 다시 살아나셨을 때, 마태복음 28장 18-20절에 나오는 이 마지막 명령을 제자들에게 주셨습니다.

하늘과 땅의 모든 권세를 내게 주셨으니 그러므로 너희는 가서 모든 민족을 제자로 삼아 아버지와 아들과 성령의 이름으로 세례를 베풀고 내가 너희에게 분부한 모든 것을 가르쳐 지키게 하라 볼지어다 내가 세상 끝날까지 너희와 항상 함께 있으리라 하시니라.

"가서 모든 민족을 제자로 삼으라"는 명령은, 그 명령을 뒷받침해 주는 약속("볼지어다 내가 세상 끝날까지 너희와 항상 함께 있으리라")만큼이나 오늘날에도 유효합니다. 이 약속이 오늘날 유효하다면, 이 명령도 오늘날 유효합니다. 그리고 이 약속이 유효한 이유는 예수님이 "세상 끝날까지"라고 말씀하셨기 때문입니다. 따라서 예수님이 다시 오실 때까지는, 그분이 우리와 함께하실 거라는 약속이 유효합니다. 또한 이 약속이 이 명령의 근거이므로, 이 명령도 오늘날 유효합니다. 예수님은 우리에게 "가서 모든 민족을 제자로 삼으라"고 명령하십니다.

사도 바울의 열망: 개척 선교

사도 바울은 신약에서 가장 탁월한 선교사입니다. 그는 예수님의 명령에 순종하려고 목숨을 바쳤습니다. 그는 로마서 15장 20-21절에서 이렇게 말했습니다.

> 또 내가 그리스도의 이름을 부르는 곳에는 복음을 전하지 않기를 힘썼노니 이는 남의 터 위에 건축하지 아니하려 함이라 기록된 바 주의 소식을 받지 못한 자들이 볼 것이요 듣지 못한 자들이 깨달으리라 함과 같으니라.

지역 전도자와 개척 선교사가 다른 점이 바로 이것입니다. 바울은 디모데후서 4장 5절에서 디모데에게 이렇게 말했습니다. "전도자의 일을 하며." 즉 복음이 이미 뿌리내린 지역에서 사역하는 지역 교회 목사로서 계속 사람들을 예수님께로 인도하라는 의미입니다. 에베소 사람들은 이미 기독교에 대해 들어서 알고 있었고 근처에 그리스도인들이 많이 살았습니다. 하지만 계속해서 그들을 전도해야 합니다. 그들에게 복음을 전해야 합니다. 그들에게 사랑을 보여 주어야 합니다. 그들을 예수님께로 인도하기 위해 애써야 합니다. 이것이 바로 지역 전도입니다. 그리고 우리는 모두 이 일에서 예외가 아닙니다.

하지만 이것은 개척 선교와는 다릅니다. 개척 선교는 바울이 이렇게 말했던 것입니다. "내가 그리스도의 이름을 부르는 곳에는 복음을 전하지 않기를 힘썼노니 이는 남의 터 위에 건축하지 아니하려 함이라." 개척 선교는 타문화권으로 가서 아직 복음이 뿌리내리지 못한 곳에 교회를 세우는 것입니다. 이것은 오늘날 우리에게도 유효한 명령입니다. 이 일은 아직 완성되지 않았습니다. 그리고 부활하신 우리 왕이신 예수님의 말씀은 처음 그 말씀을 주셨을 때만큼이나 강력하게 오늘날에도 우리를 붙듭니다.

미전도 종족

우리가 미전도 종족에 대해 말해야 하는 이유가 바로 이것입니다. 예수님은 우리에게 모든 민족을 제자로 삼으라는 명령을 주셨고, 바울은 아직 교회가 세워지지 않은 곳에 복음을 선포하는 것을 열망으로 삼고 개척 선교가 무엇인지 우리에게 몸소 보여 주었습니다. 그리고 오늘날에도 그 명령("모든 민족을 제자로 삼으라")이 유효하고, 그 약속("내가 세상 끝날까지 너희와 항상 함께 있으리라")이 유효하며, 그 결과("아들을 믿는 자에게는 영생이 있고 아들에게 순종하지 아니하는 자는 영생을 보지 못하고 도리어 하나님의 진노가 그 위에 머물러 있느니라", 요 3:36)가 유효합니다.

누가 갈 것인가?

이제 이런 질문이 따라옵니다. "누가 갈 것인가? 교회가 아직 세워지지 않고 번성하지 않은 곳에서 누가 예수 그리스도의 복음을 전할 것인가? 내가 가야 할까?" 저는 적어도 일 년에 한 번은 제 자신에게 이런 질문을 합니다. 그리고 진지하게 고민합니다. 저는 기꺼이 갈 것입니다. 예수님을 따르는 사람이라면 누구나 사랑의 줄에 매여 "주님이 인도하시는 곳이라면 어디든 가겠습니다" 하며 순종할 것입니다. 예수님을 믿는 사람이라면 누구나 "주님, 제가 여기 있습니다. 주님의 뜻이라면 저를 보내소서"라고 말해야 합니다.

주님은 모든 사람을 개척 선교사로 부르시지 않습니다. 하지만 누군가는 개척 선교사로 부르십니다. 정말 놀랍고 신비한 방식으로 부르십니다. 하나님이 어떻게 자신 안에 강력한 선교의 사명을 주셨는지 설명할 수 있는 사람은 아무도 없습니다. 이것은 성령의 역사입니다. 우리가 보기에는 놀랍고 신기할 뿐입니다. 하지만 성경과 교회 역사와 경험을 통해 볼 때, 하나님이 선교의 사명을 주기 위해 사용하시는 도구 중 하나는 말씀 선포임을 알 수 있습니다. 특히 예수 그리스도의 지상명령과 그 대가와 축복을 말하는 성경구절을 설교할 때 더욱 그렇습니다. 그래서 이제 저도 그 말씀을 전하려고 합니다.

인자는 이스라엘을 심판하기 위해 오신다

예수님은 마태복음 10장 16-33절에서 제자들에게 신실한 증인이 되어서 앞으로 올 세대를 제자로 삼는 데 따르는 대가와 그들을 믿음 가운데 세울 때 받을 축복에 대해 말씀하십니다. 이 본문은 예수님이 떠나신 이후의 40년과 직접적으로 관련되지만, 원리상으로는 나머지 모든 세대에 적용되는 말씀입니다. 예수님은 23절에서 이렇게 말씀하십니다.

> 이 동네에서 너희를 박해하거든 저 동네로 피하라 내가 진실로 너희에게 이르노니 이스라엘의 모든 동네를 다 다니지 못하여서 인자가 오리라.

저는 이 구절에서 말하는 "인자가 오리라"를 그리스도의 재림으로 이해하지 않습니다. 만일 그렇다면, 이 본문은 틀린 말씀이 되고 맙니다.

신약에서 하나님 왕국의 도래를 몇 가지 단계와 징후로 이해하듯이, 인자의 오심 또한 몇 가지 단계와 징후로 이해하는 것이 도움이 됩니다. 예수님은 처음 이 땅에 오셔서 죽으셨습니다. 그 다음은 죽은 자 가운데서 부활하신 그리스도로 오셨습니다. 그 다음은 기원후 70년 로마 군대가 예루살렘을 파괴할 때 심판의 주로 오셨습니다. 그 다음은 대각성운동이 일어났을 때 강력하게 역사하시는 성령의 능력으로 오셨습니다. 그리고 종말에는 눈에 보이는 육체를 가지고 다시 오실 것입니다.

그래서 저는 마태복음 10장 23절은 기원후 70년에 심판의 주로 오셨을 때를 언급하는 것으로 이해합니다. "이 동네에서 너희를 박해하거든 저 동네로 피하라 내가 진실로 너희에게 이르노니 이스라엘의 모든 동네를 다 다니지 못하여서 인자가 오리라." 예수님이 돌아가시고 40년 후에 정말로 이 일이 일어났습니다.

위험 속에서도 두려워하지 않는 증인

하지만 이 본문이 기원후 30년과 70년 사이에 행한 복음전도 사역을 의미한다고 해서 우리와 상관없는 것은 아닙니다. 예수님이 이 본문에서 말씀하신 선교사역에 따르는 대가와 축복은 오늘날에도 여전히 유효합니다. 그리고 예수님의 논지는 너무나 분명합니다. 위험 속에서도 두려워하지 않는 증인이 되라는 것입니다. 오늘 이 말씀을 통해 여러분의 삶에서 역사하시는 하나님의 부르심을 분명히 깨닫고 확신하게 되기를 간절히 기도합니다.

개척 선교에서 치러야 할 여섯 가지 대가

이 본문은 강력하게 자기 변증을 하고 있습니다. 그래서 이 본문만으로도 개척 선교에서 치러야 할 여섯 가지 대가와 열 가지 축복을 살펴볼 수 있습니다. 개척 선교에서 치러야 할 여섯 가지 어려움은 오늘날에도 여전히 예상되는 어려움들입니다. 물론 오늘날 우리는 하나님의 관용으로 그중 몇 가지는 피하게 되었습니다.

1. 당국자에게 체포될 수 있습니다. 16-18절입니다.

> 보라 내가 너희를 보냄이 양을 이리 가운데로 보냄과 같도다 그러므로 너희는 뱀같이 지혜롭고 비둘기같이 순결하라 사람들을 삼가라 그들이 너희를 공회에 넘겨주겠고 그들의 회당에서 채찍질하리라 또 너희가 나로 말미암아 총독들과 임금들 앞에 끌려가리니 이는 그들과 이방인들에게 증거가 되게 하려 하심이라.

2. 가족에게 배신당할 수 있습니다. 21절입니다.

> 장차 형제가 형제를, 아버지가 자식을 죽는 데에 내주며 자식들이 부모를 대적하여 죽게 하리라.

참으로 믿기 힘든 말입니다. 아버지와 형제가 기독교 신앙을 너무 반대한 나머지, 그들이 믿느니 차라리 서로 죽기를 원하게 될 것입니다.

3. 모든 사람에게 미움을 받게 됩니다. 22절입니다.

> 또 너희가 내 이름으로 말미암아 모든 사람에게 미움을 받을 것이나.

이 본문이 전도를 불가능하게 만든다고 여김으로써, 우정을 통한 전도를 너무 중시하지 않도록 조심하십시오. 여러분이 모든 사람에게 미움을 받게 된다는 것이, 여러분이 전도를 할 수 없다는 의미는 아닙니다.

4. 박해를 받고 마을에서 끌려 나가게 됩니다. 23절입니다.

> 이 동네에서 너희를 박해하거든 저 동네로 피하라.

5. 비방을 받게 됩니다. 25절입니다.

> 집 주인을 바알세불이라 하였거든 하물며 그 집 사람들이랴.

예수님이 우리를 대신하여 죽으셨기 때문에 우리는 하나님의 진노를 피하게 되었지만, 사람의 분노까지 피하게 된 것은 아닙니다. 예수님은 속죄를 위해 고난당하는 사명을 받으셨지만, 우리는 그 사실을 전하기 위해 고난당하는 사명을 받았습니다.

6. 죽임을 당하게 됩니다. 28절입니다.

> 몸은 죽여도 영혼은 능히 죽이지 못하는 자들을 두려워하지 말고.

그들은 몸을 죽일 수 있습니다. 때로는 정말로 그렇게 합니다. 선교사 한 명이 죽으면 여러분이 선교사가 된 것이 실수라고 생각할 정도로, 선교에서 안전을 중시하지 마십시오. 예수님은 누가복음 21장 16절에서 분명히 말씀하셨습니다.

    너희 중의 몇을 죽이게 하겠고.

2천 년 동안, 수천 명의 선교사들이—세상이 중요하게 여기지 않는 이름 없는 사람들이—이 대가를 치렀고 하나님의 잃어버린 양들에게 세상에서 유일한 구원의 메시지를 전하기 위해 위험을 무릅썼습니다. 그들이 그렇게 할 수 있었던 것은 이러한 대가보다 더 중대한 축복이 있기 때문입니다.

개척 선교의 열 가지 축복
이 열 가지 축복을 통해 여러분이 모든 두려움을 극복하고 열정을 다해 하나님을 알아갈 수 있도록 성령님이 도와주시기를 간절히 바랍니다.

1. 그리스도께서 보내시는 축복입니다. 16절입니다.

    보라 내가 너희를 보냄이 양을 이리 가운데로 보냄과 같도다 그러므로 너희는 뱀같이 지혜롭고 비둘기같이 순결하라.

"내가 너희를 보냄이." 살아 계신 그리스도께서 그분의 사역을 위해 우리를 보내시는 것은 정말로 우리를 만족하게 합니다.

2. 성령께서 할 말을 주시는 축복입니다. 19-20절입니다.

너희를 넘겨줄 때에 어떻게 또는 무엇을 말할까 염려하지 말라 그 때에 너희에게 할 말을 주시리니 말하는 이는 너희가 아니라 너희 속에서 말씀하시는 이 곧 너희 아버지의 성령이시니라.

삶 속에서 우리에게 필요한 말을 주시는 성령의 임재와 능력을 체험하는 일은 정말로 멋집니다.

3. 하나님 아버지의 사랑을 경험하는 축복입니다. 20절입니다.

말하는 이는 너희가 아니라 너희 속에서 말씀하시는 이 곧 너희 아버지의 성령이시니라.

예수님은 우리를 돌보시는 분이 바로 하늘에 계신 아버지라고 분명히 밝히십니다. 선교사가 되기 위해서 육신의 아버지와 어머니를 떠나야 할지 모릅니다. 그러나 언제나 우리를 돌보시는 하나님 아버지를 모시게 될 것입니다.

4. 모든 것이 끝난 후에 받는 구원의 축복입니다. 22절입니다.

> 끝까지 견디는 자는 구원을 얻으리라.

모든 대가를 치르고 나면, 구원이라는 대단원의 막이 내릴 것입니다. 우리는 슬픔도 고통도 죄도 없이 죽은 자 가운데서 부활할 것이고, 그리스도를 직접 뵙고 그분의 기쁨으로 들어가 우리의 모든 불완전함에도 불구하고 "잘했다"는 말을 듣게 될 것입니다.

5. 인자가 심판과 긍휼로 오실 것을 아는 축복입니다. 23절입니다.

> 이스라엘의 모든 동네를 다 다니지 못하여서 인자가 오리라.

이 말씀은 박해 받는 제자들에게 무척이나 격려가 되었습니다. 예수님은 역사적 심판과 구원의 최적기에 오실 것입니다. 마지막 날에 오셔서 자기 백성을 변호하실 것입니다.

6. 예수님의 가족이 되는 축복입니다. 25절입니다.

집 주인을 바알세불이라 하였거든 하물며 그 집 사람들이랴.

우리가 어떤 반대에 부딪히든, 예수님은 그 반대야말로 우리가 그분의 소유임을 드러내는 징표라는 것을 우리가 확실히 알기 원하십니다. 우리는 예수님의 가족입니다.

7. 진리가 승리할 것을 아는 축복입니다. 26절입니다.

그런즉 그들을 두려워하지 말라 감추인 것이 드러나지 않을 것이 없고 숨은 것이 알려지지 않을 것이 없느니라.

숨겨진 것은 반드시 알려지게 되어 있습니다. 이 세상에서 한 시기 동안은 사람들이 우리의 진리 선포를 조롱할 것입니다. "진리 좋아하시네!" 하며 조롱할 것입니다. 하지만 진리는 반드시 드러난다는 이 축복을 굳게 붙들어야 합니다. 우리의 선포가 정당한 것임이 밝혀질 것입니다. "감추인 것이 드러나지 않을 것이 없고 숨은 것이 알려지지 않을 것이 없느니라." 이 말씀을 의지하십시오. 지금 조롱 받는 것이 언젠가는 하늘에 기록될 것입니다. 그리고 모든 대적 앞에서 우리의 정당성이 입증되는 그 순간 때문에 우리는 모든 인내를 감내할 수 있습니다.

8. 영원한 영혼을 갖는 축복입니다. 그리스도인의 영혼은 파괴될 수 없습니다.

> 몸은 죽여도 영혼은 능히 죽이지 못하는 자들을 두려워하지 말고 (28절).

> 내가 진실로 진실로 너희에게 이르노니 내 말을 듣고 또 나 보내신 이를 믿는 자는 영생을 얻었고 심판에 이르지 아니하나니 사망에서 생명으로 옮겼느니라(요 5:24).

우리는 이미 사망에서 생명으로 옮겨졌습니다. 페르시아 선교사로 섬긴 헨리 마틴(Henry Martyn)은 이 땅에서의 사역을 마치지 않는 한 자신은 죽을 수 없다고 말했습니다. 사실입니다. 그리고 그는 이 땅에서의 사명이 다한 후에도 우리는 영원하다는 사실을 분명히 알았을 것입니다. 그것이 바로 예수님이 여기에서 말씀하시는 요지입니다.

9. 삶의 세세한 부분까지도 온전히 통치하시는 하나님 아버지를 모시는 축복입니다. 29절입니다.

> 참새 두 마리가 한 앗사리온에 팔리지 않느냐 그러나 너희 아버지

께서 허락하지 아니하시면 그 하나도 땅에 떨어지지 아니하리라.

예수님이 참새가 땅에 떨어지는 것을 예로 드신 이유는, 그것이 가장 무의미해 보이는 일이기 때문입니다. 하지만 우리 아버지이신 하나님은 그것조차도 보고 계시고 주관하십니다. 따라서 우리는 언제나 우리를 귀한 자녀로 사랑하시는 하나님 아버지께서 늘 보고 계시고 삶의 작은 부분 하나까지도 주관하심을 알 수 있습니다.

10. 하나님께서 귀히 여기시는 축복입니다. 31절입니다.

두려워하지 말라 너희는 많은 참새보다 귀하니라.

하나님은 자녀를 멸시하지 않으십니다. 자녀를 귀히 여기십니다. 두 가지 이유에서 그렇습니다. 하나는 예수 그리스도와 연합함으로써 그분의 온전하심이 우리에게 전가되었기 때문입니다. 또 다른 하나는, 성령으로 인해 우리가 날마다 조금씩 영화롭게 변화되고 있으며 하나님은 이처럼 몸소 우리를 성화시키고 싶어 하시기 때문입니다. 하나님은 우리가 변화되는 모습을 보며 기뻐하십니다.

개척 선교로의 부르심

하나님은 사람들을 선교에 헌신하도록 부르실 때 어떻게 하실까요? 하나님의 말씀이 선포되는 것을 통해 아주 신비스럽고 놀라운 방법으로 두려움 없이 그 일을 하고 싶도록 만드십니다. 하나님은 우리로 하여금 선교에 따르는 대가를 바로 보게 하십니다. 그래서 우리가 유치한 낭만을 갖지 않게 하시고, 선교에 따르는 이 모든 축복을 충만히 경험하고 싶다는 열망을 갖게 하십니다.

하나님은 여러분 가운데 많은 분들에게 줄곧 이 일을 행하셨습니다. 이제 이 설교를 계기로 지금까지 하나님이 행하신 모든 일이 결단이라는 열매로 나타나게 될 것입니다. 또 어떤 분들에게는 이 설교가 자신의 소명을 새롭게 깨닫는 계기가 될 것입니다. 그리고 하나님이 여러분의 삶 속에 선교를 향한 불을 지피고 계심을 확신하게 될 것입니다. 하나님이 여러분의 삶 속에서 확증해 주시기를 간절히 기도합니다.

결론

12
열방 가운데서
하나님의 영광을 선포하라*

2008년 6월 29일

이 마지막 설교에서는 하나님의 영광을 위해 두 가지 표현 '노래'(singing)와 '나라들'(nations), 즉 음악과 선교를 강조하고 싶습니다. 시편 96편을 읽다가 이 두 가지 표현이 눈에 들어왔습니다. 우리가 어떻게 해야 노래와 나라들에 대해서 하나님처럼 생각하고 느끼게 될까요? 또한 이 두 표현은 이 시편과 앞으로 올 세대 안에서 어떻게 연결되는 것일까요? 그리고 이 두 가지 표현은 어떻게 예수님과 연결되는 것일까요?

제 나름대로 시편을 하나의 연속선상에서 보는 방법이 있습니다. 우선 시편 1편은 개관으로, 시편은 하나님의 말씀이고 노래임

---

* 이 설교는 "시편: 하나님과 함께 생각하고 느끼기"(Psalms: Thinking and Feeling with God)라는 시리즈 설교의 마지막 설교다. 전체 설교는 다음 사이트에서 이용할 수 있다. www.desiringgod.org.

을 알려 줍니다. 따라서 시편의 목적은 우리의 생각과 감정을 바로잡는 것입니다. 우리는 시편 42편에서 영적 침체와 바르게 낙심하는 법을 살펴보았습니다. 시편 51편에서는 죄책감과 후회, 제대로 상심하는 법을 살펴보았습니다. 시편 103편에서는 절망과 후회에서 벗어나 감사와 찬양으로 주님을 송축하는 것을 살펴보았습니다.

그리고 지난주에는 시편 69편에서 우리가 종종 심하게 거부당하고 때때로 험한 대우를 받는 것과 우리 마음이 정의를 열망하며 우리 대적의 처벌을 간절히 바라는 것을 살펴보았습니다. 그리고 이 시편에 나오는 저주의 말들이 반드시 성취될 것이고 모든 잘못은 정당하게 처벌 받을 것이라는 확신 속에서 이 분노가 누그러지는 것을 보았습니다. 회개하는 자들은 그리스도의 십자가에서 구원을 받고, 회개하지 않는 자들은 지옥으로 가게 될 것입니다. 주님은 복수는 그분의 것이라고 말씀하십니다. 우리에게는 원수를 사랑하라고 말씀하십니다. 우리에게 범죄한 자들은 하나님이 다루실 것입니다. 어느 누구도 예외가 없습니다.

이 모든 시편들의 열쇠이자 목표는 예수 그리스도입니다. 예수님 없이 이 시편들은 완성될 수 없습니다. 오늘날도 마찬가지입니다.

전 세계적 목적을 위해 지음 받았다

따라서 이제 우리의 분노는 줄어들었고, 정의에 대한 우리의 감각은 유지되며, 동이 서에서 먼 것같이 죄과를 우리에게서 멀리 옮기신 것으로(시 103:12) 인해 우리 마음에 감사가 넘치고, 하나님의 선하심으로 인해 우리 입술과 영혼은 하나님을 향한 송축으로 가득합니다. 여기에 무엇이 빠졌을까요? 시편 말씀의 결론은 무엇일까요? 그 대답은 바로 하나님이 여러분을 전 세계적 목적을 위해 지으셨다는 것입니다. 하나님은 무언가 거대한 목적을 위해 여러분을 지으셨습니다.

'나라들'이라는 표현 강조하기

낙심이 지나가고, 죄의식이 덜어지고, 분노가 누그러지고, 입술에 축복이 넘칠 때, 여러분은 자신의 존재 이유가 성취된 것이라고 생각할지 모릅니다. 어떤 의미에서는 맞는 생각입니다. 넘치는 찬양과 감사로 주님을 송축하는 것보다 더 위대한 일은 없을 것입니다.

하지만 무언가 빠진 것이 있습니다. 하나님은 오직 여러분이나 여러분의 인종 그룹에게만 그분의 길을 알게 하시거나 그분의 영광을 드러내시거나 그분의 기이한 역사를 드러내시지 않았습니다. 하나님은 열방, 즉 모든 나라를 위해 그렇게 하셨습니다. 정치적 국가가 아니라 체로키족, 나바호족, 와오라니족과 같은 인종언어학적 나라들을 의미합니다. 시편에서는 이들을 "민족들"이라고 부릅니다. 그래서 우리가 가장 먼저 강조할 표현은 "나라들"입니다.

나라들(열방)을 위해

이 시편에서 열방을 강조하는 부분을 차근차근 살펴보겠습니다. 시편 기자는 하나님의 백성이 열방을 위해 적어도 세 가지를 해야 한다고 말합니다.

1. 하나님의 영광을 선포하라

먼저, 하나님의 영광과 사역과 구원에 대한 진리를 열방에 선포하라고 말합니다. 2-3절입니다.

> 여호와께 노래하여 그의 이름을 송축하며 그의 구원을 날마다 전파할지어다 그의 영광을 백성들 가운데에, 그의 기이한 행적을 만민 가운데에 선포할지어다.

그의 구원을 전파하고, 그의 영광을 선포하고, 그의 기이한 행적을 선포하십시오. "백성들 가운데에" 그렇게 하십시오. "만민 가운데에" 이 일을 행하십시오. 모든 사람이 포함됩니다. 한 사람도 예외가 없습니다. 10절은 하나님이 열방을 다스리는 왕이시라는 메시지로 이 선포를 요약하고 있습니다.

> 모든 나라 가운데서 이르기를 여호와께서 다스리시니.

2. 함께하자고 나라들을 부르라

둘째, 하나님께 영광을 돌리고 그분을 찬양하는 일에 하나님의 백성과 함께하자고 열방을 부르십시오. 7절입니다.

> 만국의 족속들아 영광과 권능을 여호와께 돌릴지어다 여호와께 돌릴지어다.

1절입니다.

> 온 땅이여 여호와께 노래할지어다.

따라서 하나님의 위대하심과 영광에 대한 사실들을 온 땅에 전하기만 해서는 안 됩니다. 여러분과 함께 그분을 찬양하자고 명령해야 합니다. 그들에게 회심을 요구하십시오. 열방이 이스라엘의 유일하신 참 하나님, 즉 우리 구주 예수님의 아버지 앞에 무릎을 꿇어야만 합니다.

3. 그들에게 심판을 경고하라

셋째, 하나님의 영광을 온 땅에 선포하는 데 그치지 말고, 또 하나님께 영광을 돌리는 일에 동참하라고 요구하는 데 그치지 말고, 그들이 지금 거짓 신들을 의지하기 때문에 심판이 임할 것을 경고해야만 합니다. 5절입니다.

만국의 모든 신들은 우상들이지만 여호와께서는 하늘을 지으셨음이로다.

10절입니다.

모든 나라 가운데서 이르기를 여호와께서 다스리시니 세계가 굳게 서고 흔들리지 않으리라 그가 만민을 공평하게 심판하시리라 할지로다.

13절입니다.

그가 임하시되 땅을 심판하러 임하실 것임이라 그가 의로 세계를 심판하시며 그의 진실하심으로 백성을 심판하시리로다.

다른 말로 하면, 시편 기자가 "온 땅이여 여호와께 노래할지어다", "그의 기이한 행적을 만민 가운데에 선포할지어다", "모든 신들보다 경외할 것임이여", "온 땅이여 그 앞에서 떨지어다", "만국의 모든 신들은 우상들이지만"이라고 말할 때, 이 세 가지를 다 의미하는 것입니다. 시편의 하나님은 모든 사람의 충성을 요구하십니다. 모든 사람이란 문화적, 종교적으로 아주 다양한 모든 사람들을 말합니다.

모든 나라, 모든 민족

시편은 어떤 나라, 어떤 민족, 어떤 가문도 예외가 있어서는 안 된다는 사실을 함축하고 있습니다. 모든 사람이 참되고 살아 계신 하나님께로 돌아와야 하고 자신들이 섬기는 다른 신들을 버려야 합니다. 다문화주의라는 바람직하지 못한 흐름 때문에 모든 사람으로 하여금 다른 모든 종교를 버리고 회개하여 유일하시고 참되고 살아 계신 하나님께 영광을 돌리게 하는 일에 주춤해서는 안 됩니다.

다음 성경구절(시편 96편에서 가져온 것이 아닙니다)을 읽어 보고 어느 성경 본문인지 추측해 보십시오.

내가 열방(이방인) 중에서 주께 감사하고 주의 이름을 찬송하리로 다 함과 같으니라 또 이르되 열방(이방인)들아 주의 백성과 함께 즐거워하라 하였으며 또 모든 열방(이방인)들아 주를 찬양하며 모든 백성들아 그를 찬송하라 하였으며 또 이사야가 이르되 이새의 뿌리 곧 열방(이방인)을 다스리기 위하여 일어나시는 이가 있으리니 열방(이방인)이 그에게 소망을 두리라 하였느니라(롬 15:9-12).

이 성경 본문은 시편, 신명기, 이사야서 말씀을 인용하고 있는데, 사도 바울이 과연 무엇을 말하려는 것일까요? 그는 다시 오실 예수님은 열방을 위한 구주라는 사실을 말하고 있습니다. 로마서 15장 8-9절에서 그 문맥을 찾아볼 수 있습니다.

내가 말하노니 그리스도께서 하나님의 진실하심을 위하여 할례의 추종자가 되셨으니 이는 조상들에게 주신 약속들을 견고하게 하시고 이방인(열방)들도 그 긍휼하심으로 말미암아 하나님께 영광을 돌리게 하려 하심이라 기록된 바….

이어서 열방으로 하여금 하나님의 긍휼하심을 찬양하라는 구약의 약속이 나옵니다. 즉 십자가에서 죄인들을 위해 죽으시고, 우리 같은 이방 죄인들이 긍휼을 얻게 하신 예수 그리스도의 사역을 찬양하라고 열방을 부릅니다.

영광을 노래하도록 지음 받았다

우리가 앞에서 살펴본 시편 96편과 신약에서 모든 나라, 모든 민족을 강조하는 것에 대해 여러분은 어떻게 느껴야 합니까? 하나님은 우리를 지치게 하려고 이 말씀을 하신 것이 아닙니다. 우리를 기쁘게 하기 위해 하신 것입니다. 그리고 제 말은 보내는 선교사와 가는 선교사 모두—유일하신 참 하나님을 믿는 우리 모두—신인이신 예수 그리스도 안에서 가장 완전하게 드러났다는 의미입니다.

제가 왜 이런 말을 할까요? 1절을 보십시오. 열방을 향한 선교의 충동은 노래와 노래를 청하는 요구에서 흘러나오고 있습니다.

새 노래로 여호와께 노래하라 온 땅이여 여호와께 노래할지어다.

이것은 노래하는 선교입니다. 여러분이 응원하는 팀이 월드컵에서 이겼거나 숙적을 이겼을 때 느끼는 그런 감정입니다. 아니, 그보다 천 배는 더 큰 감정입니다.

그의 영광을 백성들 가운데에, 그의 기이한 행적을 만민 가운데에 선포할지어다(3절).

우리는 지금 영광에 대해 말하고 있습니다. 지루한 행적이 아닌 기이한 행적에 대해 말하고 있습니다. 그저 평범한 일이 아닙니다. 우리는 하나님이 우리가 알아야 할 다른 위대한 모든 것보다 더 위대하신 분임을 맛보고 보았습니다.

여호와는 위대하시니 지극히 찬양할 것이요(4절).

우리가 하나님을 알고, 하나님을 노래하고, 우리와 함께 하나님을 찬양하자고 세상을 부르는 일이 정말 즐겁습니다.

여러분은 바로 이 목적을 위해 지음 받았습니다. 제 말은 마음으로 "예수님이 주님이십니다"라고 고백하는 모든 분들이 그렇다는 의미입니다. 예수님을 온 우주의 주님으로 고백하는 일이야말로 모든 것을 뛰어넘는 가장 중요한 일입니다. 사업가, 주부, 학생 모두 그렇습니다. 예수님께 속한다는 것은, 예수님이 위하여 죽으셨고 앞으로 다스리실 열방을 품는 것입니다. 여러분은 이 마음을 품도록 지음 받았기 때문에, 이 전 세계적 소명을 받아들일 때까지 여러분의 영혼은 늘 크고 작은 아픔에 시달릴 수밖에 없을 것입니다.

가장 큰 목적

1900년대 초, 평신도선교운동(Layman's Missionary Movement)이 일어났습니다. 이 운동은 거대한 학생자원운동(Student Volunteer Movement)에 역사하신 하나님의 뜻을 알고자 하는 거룩한 열망을 품은 사업가들을 주축으로 시작되었습니다. 초대 의장으로 섬겼던 캠벨 화이트(Campbell White)는 이렇게 말했습니다.

대부분의 사람들은 일상적인 삶에 만족하지 않습니다. 그리스도를 따르는 사람들 안에 있는 그리스도의 생명은 세상을 향한 그리스도의 목적, 즉 예수님이 구원하시기 위해 오셨다는 것을 받아들이는 것말고는 그 무엇으로도 채워질 수 없습니다. 명성이나 쾌락, 부는 하나님의 영원한 계획을 성취하는 일에 하나님과 동역할 때 느끼는 무한한 기쁨에 비하면 빈껍데기와 같습니다. 그리스도의 약속에 온전히 집중하는 사람은 삶에서 가장 좋고 값으로 매길 수 없는 상급을 받게 될 것입니다.*

여러분은 열방 가운데서 영광 받으시려는 예수 그리스도의 전 세계적 목적에 대해 어떻게 느껴야 합니까? 이 목적을 여러분의 삶에서 가장 중요한 성취로 느껴야 합니다. 삶에서 중요한 일은 많습니다. 하지만 이것이 가장 중요한 목적입니다. 만왕의 왕이신 예수 그리스도를 따르는 모든 사람은 이 목적을 받아들입니다. 그리고 열방 가운데서 영광 받으시려는 하나님의 위대한 목적을 이루기 위해 살아가는 것임을 깨닫습니다.

열방 가운데 일어난 놀라운 변화
오늘날 열방의 상황은 어떻습니까? 하나님이 택하신 자들을 열방 가운데서 모으시고 그분의 교회를 열방으로 보내시면서 놀라운 변화가 일어나고 있습니다. 유럽과 미국은 이제 더 이상 세계 기

---
* J. Campbell White, "The Layman's Missionary Movement", in *Perspectives on the World Christian Movement: A Reader*, p.225. (「퍼스펙티브스」 예수전도단)

독교의 중심이 아닙니다. 기독교의 중심이 남쪽과 동쪽으로 이동하고 있습니다. 라틴아메리카, 아프리카, 아시아는 눈에 띄게 성장하며, 거대한 보내는 교회가 되어 가고 있습니다. 이 부분을 보려면 필립 젠킨스의 책 「신의 미래」와 「기독교의 새로운 국면들」(The New Faces of Christianity)을 읽어 보십시오.

하지만 저는 여러분이 여호수아 프로젝트와 인종 그룹에 익숙해지기를 원합니다. 그 자료들을 살펴보면 성경에서 말하는 열방이 실제로 누구를 가리키는지, 열방에 얼마나 많은 사람이 있는지, 복음을 들은 사람과 듣지 못한 사람이 누구인지 알 수 있습니다. 여호수아 프로젝트에 의하면, 복음과 전혀 관련이 없는(선교사나 교회가 없는) 종족이 1,569개, 극소수만 복음화된(복음 전도율이 2퍼센트 미만) 종족이 6,747개라고 합니다. 저는 우리가 이루어야 할 과업을 분명하게 제시하는 이런 힘든 조사 작업을 감당하는 사람들이 있어서 얼마나 하나님께 감사한지 모릅니다. 여호수아 프로젝트 사이트에 들어가서 지금 세계 상황이 어떤지 공부하십시오. 그런 다음, 가는 선교사로 헌신할지 아니면 보내는 선교사로 헌신할지 결정하시고, 열방 가운데 하나님의 영광을 선포하고 모든 민족 가운데 주의 기이한 일을 선포하는 일에 적극적으로 참여하십시오.

여러분은 세계 열방에 대해 어떻게 느껴야 합니까? 그들의 구원을 열망해야 합니다. 그리고 하나님이 그들을 모두 다스리시고 우리를 그분의 사자로 부르셔서 그들에게 세상에서 가장 좋은 소식을 전하게 하신다는 사실에 감격해야 합니다. 또한 하나님이 열방 가운데서 자기 백성들을 부르시고 그들로 하여금 하나님께 노래하며 그분의 아들에게 영광과 능력을 돌리게 하신다는 사실에 기뻐해야 합니다. 여러분은 이런 기쁨을 누리도록 지음 받았습니다. 시편에서 말하는 다른 모든 기쁨, 다른 모든 감정들이 가리키는 것이 바로 이것입니다. 이 땅의 모든 백성이 하나님의 영광을 찬양하고 노래하는 것입니다.

따라서 이제 이 설교에서 말하고자 하는 두 번째 강조점인 '노래'로 자연스럽게 넘어가게 됩니다.

'노래'라는 표현 강조하기

이 시편에서 열방에 대한 모든 강조들을 포괄하는 제목에 해당하는 것이 1절과 2절입니다. 또한 이 두 구절은 모두 노래에 대해 말합니다.

> 새 노래로 여호와께 노래하라 온 땅이여 여호와께 노래할지어다 여호와께 노래하여 그의 이름을 송축하며 그의 구원을 날마다 전파할지어다.

하나님이 온 땅을 다스리시고, 우리는 "그의 구원을 날마다 전파하고" "열방 가운데 그분의 영광을 선포할" 책임을 갖고 있다는 것을 말하면서 이 시편을 시작한 이유가 무엇일까요? 왜 새 노래로 여호와께 노래하라는 명령으로 이 시편을 시작했을까요?

대답은 간단합니다. 여러분이 노래하지 않으면서 열방에 노래하라고 요구할 수 없기 때문입니다. 그리고 우리는 지금 열방에 노래하라고 요구하고 있습니다. 1절입니다.

온 땅이여 여호와께 노래할지어다.

11절입니다.

하늘은 기뻐하고 땅은 즐거워하며.

심지어 자연조차 기뻐하라고 요구 받고 있습니다. 그리고 노래하는 것은 그러한 기쁨과 즐거움의 완성입니다. 이 시편은 우리에게 모든 백성의 즐거움을 위해 모든 일 가운데 하나님의 영광을 전파하도록 요구합니다. 그런 다음, 모든 백성에게 노래로 하나님께 영광을 돌리라고 요구합니다. 이것은 세상에서 가장 어려우면서도 가장 행복한 일입니다.

그리고 여러분이 노래하지 않으면서 열방에 노래하라고 요구할 수 없습니다. 따라서 세계 선교라는 맥락에서, 이 시편이 새 노래로 여호와께 노래하라고 강조하는 이유를 제 나름대로 한번 제안해 보겠습니다. 이 새 노래들이 "여호와께" 드려지는 것임을 주목하십시오. 여호와에 관한 것이 아닙니다. 1절은 "새 노래로 여호와께 노래하라"고 합니다. 여호와에 관해 노래하는 것이 잘못된 것은 아닙니다. 시편들은 늘 그렇게 합니다. 하지만 새 노래를 지어서 "여호와께" 불러 드릴 때, 교회 안에 어떤 일이 일어납니다. 특이한 생기와 활기가 나타납니다. 사람들은 그저 이전 세대의 영적 자산을 소진하는 데 그치지 않고, 살아 계신 하나님과 생생한 관계를 누리게 되고 자신들의 노래를 하나님께 불러 드립니다. 하나님은 실재하십니다. 하나님은 인격적인 분이십니다. 하나님은 자신을 드러내십니다. 하나님은 소중한 분이십니다. 하나님은 현존하십니다. 예배가 좀 더 진지해지고 좀 더 개인적인 체험이 되고 좀 더 생생해집니다.

우리 시대의 새 노래

그것이 시편이 요구하는 바이고, 성인이 된 이후 제 삶에서 일어났던 일입니다. 세계 어느 곳이든 주님께 드려지는 노래에는 새 노래와 새로운 활기와 새로운 개인적인 약속이 있습니다. 그리고 지금 우리 시대의 놀라운 특징은, 새 노래로 주님께 노래한다는 이러한 깨달음이 전 세계적이고 선교적인 방식을 취한다는 점입니다. 제가 알기로는, 오늘날만큼 노래하는 것이 선교의 중심에 선 적이 없었습니다.

하나님은 시편 96편을 성취하시며 무언가 놀라운 일을 하고 계십니다. 그 일은 어떤 한 교회, 어떤 한 종족, 어떤 한 지역보다 훨씬 큰 것입니다. 온 땅의 교회가 노래하고 있습니다. 새 노래로 여호와께 노래하며, 열방을 다스리시는 하나님을 노래합니다.

이제 여러분에게 간곡히 부탁드립니다. 하나님이 행하시는 이 일을 놓치지 마십시오. 이 일에 동참하십시오. 열방을 마음에 품으십시오. 하나님의 전 세계적인 목적을 올바로 아십시오. 하나님의 기이한 행적을 깊이 느끼십시오. 온 마음을 다해 여호와께 노래하십시오. 그리고 열방을 향해 동역하자고 초청하십시오.

우리 노래의 중심내용

그리고 우리 노래의 중심내용이 앞으로 올 세대에 부르게 될 새 노래, 즉 죽임당한 어린양 노래의 중심내용과 같기를 바랍니다.

> 그들이 새 노래를 불러 이르되 두루마리를 가지시고 그 인봉을 떼기에 합당하시도다 일찍이 죽임을 당하사 각 족속과 방언과 백성과 나라 가운데에서 사람들을 피로 사서 하나님께 드리시고 그들로 우리 하나님 앞에서 나라와 제사장들을 삼으셨으니 그들이 땅에서 왕 노릇 하리로다 하더라(계 5:9-10).

부록

1
번영 설교

거짓되고 치명적이다

2007년 2월 14일

저는 번영 설교를 하는 교회들에 대한 글을 읽고 이런 생각이 들었습니다. '내가 만일 그리스도인이 아니었다면, 절대로 그리스도인이 되고 싶지 않을 것 같다.' 다른 말로 하면, 예수님의 메시지가 그들이 말하는 내용이라면 사양하겠다는 것입니다.

부자가 된다고 꼬여서 사람들을 그리스도께로 인도하는 것은 거짓되고 치명적인 것입니다. 번영 설교가 거짓된 이유는 예수님이 우리를 부르셨을 때, 이렇게 말씀하셨기 때문입니다.

> 너희 중의 누구든지 자기의 모든 소유를 버리지 아니하면 능히 내 제자가 되지 못하리라(눅 14:33).

그리고 번영 설교가 치명적인 이유는 부자가 되려는 욕구가 "사람으로 파멸과 멸망에 빠지게 하는"(딤전 6:9) 것이기 때문입니다. 그래서 이제 국내와 해외에 계신 모든 설교가들과 복음 사역자들에게 당부의 말씀을 드리려고 합니다.

1. 사람들을 천국에 들어가기 더 어렵게 만드는 사역 철학을 개발하지 마라.

예수님은 "재물이 있는 자는 하나님 나라에 들어가기가 심히 어렵다"고 말씀하셨습니다(막 10:23). 제자들은 깜짝 놀랐습니다. "번영" 운동을 하는 많은 사람들도 매우 놀랐을 것입니다. 그러자 예수님은 "낙타가 바늘귀로 나가는 것이 부자가 하나님의 나라에 들어가는 것보다 쉬우니라"고(막 10:25) 말씀하시며 그 놀라움을 더 부추겼습니다. 제자들은 "그런즉 누가 구원을 얻을 수 있는가"(막 10:26) 하며 불신어린 반응을 보입니다. 예수님은 이렇게 말씀하십니다. "사람으로는 할 수 없으되 하나님으로는 그렇지 아니하니 하나님으로서는 다 하실 수 있느니라"(막 10:27).

저는 번영 설교가들에게 이렇게 묻고 싶습니다. "사람들을 천국에 들어가기 더 어렵게 만드는 것에 왜 사역의 초점을 맞추고 있습니까?"

2. 사람들 안에 자살 욕구를 불붙이는 사역 철학을 개발하지 마라.

바울은 이렇게 말했습니다. "자족하는 마음이 있으면 경건은 큰 이익이 되느니라 우리가 세상에 아무것도 가지고 온 것이 없으매 또한 아무것도 가지고 가지 못하리니 우리가 먹을 것과 입을 것이 있은즉 족한 줄로 알 것이니라"(딤전 6:6-8). 그런 다음 바울은 부자가 되려는 욕구를 거부하라고 경고합니다. 바울의 이 말은, 사람들 안에 부자가 되려는 욕구를 없애도록 도와주지 않습니다. 오히려 이런 욕구를 부추기는 설교가들에 대한 경고를 함축하고 있습니다. 그는 이렇게 경고했습니다. "부하려 하는 자들은 시험과 올무와 여러 가지 어리석고 해로운 욕심에 떨어지나니 곧 사람으로 파멸과 멸망에 빠지게 하는 것이라 돈을 사랑함이 일만 악의 뿌리가 되나니 이것을 탐내는 자들은 미혹을 받아 믿음에서 떠나 많은 근심으로써 자기를 찔렀도다"(딤전 6:9-10).

그래서 저는 번영 설교가들에게 이렇게 묻고 싶습니다. "왜 사람들로 하여금 많은 근심으로 스스로를 찌르게 하고 파멸과 멸망에 빠지도록 독려하는 사역을 하려고 합니까?"

3. 좀과 동록에 취약한 것을 부추기는 사역 철학을 개발하지 마라.

예수님은 보물을 땅에 쌓아 두려고 애쓰지 말라고 경고하십니다. 즉 예수님은 우리에게 쌓아 두는 사람이 아니라 베푸는 사람이 되라고 말씀하십니다.

너희를 위하여 보물을 땅에 쌓아 두지 말라 거기는 좀과 동록이 해하며 도둑이 구멍을 뚫고 도둑질하느니라 오직 너희를 위하여 보물을 하늘에 쌓아 두라 거기는 좀이나 동록이 해하지 못하며 도둑이 구멍을 뚫지도 못하고 도둑질도 못하느니라(마 6:19-20).

그렇습니다. 우리는 모두 무언가를 쌓아 둡니다. 우리 안에는 탐욕을 향한 타고난 성향이 있습니다. 우리는 왜 예수님에게서 벗어나 거꾸로 행하는 것일까요?

4. 열심히 일하는 것을 재산 축적의 수단으로 만드는 사역 철학을 개발하지 마라.
바울은 우리에게 도둑질해서는 안 된다고 말합니다. 도둑질하지 않으려면 우리 스스로 열심히 일하는 수밖에 없습니다. 하지만 우리가 열심히 일하는 주된 목적은 단순히 부를 축적하거나 소유하기 위해서가 아닙니다. 열심히 일하는 목적은 "주기 위해 갖는" 것입니다.

가난한 자에게 구제할 수 있도록 자기 손으로 수고하여 선한 일을 하라(엡 4:28).

이 구절은 더 많이 주기 위해 부자가 되는 것을 정당화하는 말씀이 아닙니다. 오히려 많이 벌고 덜 가져서 다른 사람에게 더 많이 주라는 명령입니다. 많이 버는 사람이 그저 먹고 살 만큼 버는 사람과 다른 방식으로 살아야 할 이유는 전혀 없습니다. 전시의 생활방식을 보십시오. 지출을 줄이고, 남은 것은 전부 다른 사람에게 주지 않습니까?

왜 사람들에게 후하게 주는 사람이 되기 위해 부를 소유해야 한다고 생각하도록 부추기려 합니까? 왜 삶을 좀 더 단순화하여 후하게 주는 사람이 되도록 격려하지는 않습니까? 그렇게 해야 그들의 관대함을 통해 그들의 보물은 소유물이 아니라 그리스도임이 더 강력하게 드러나지 않겠습니까?

5. 하나님의 약속을 덜 믿게 조장하는 사역 철학을 개발하지 마라.
히브리서 기자가 우리에게 있는 것에 만족하라고 말한 이유는 그 반대가 되면 하나님의 약속을 믿지 않는다는 의미가 되기 때문입니다. 히브리서 기자는 이렇게 말합니다.

> 돈을 사랑하지 말고 있는 바를 족한 줄로 알라 그가 친히 말씀하시기를 내가 결코 너희를 버리지 아니하고 너희를 떠나지 아니하리라 하셨느니라 그러므로 우리가 담대히 말하되 주는 나를 돕는 이시니 내가 무서워하지 아니하겠노라 사람이 내게 어찌하리요 하노라(히 13:5-6).

있는 것에 만족하는 태도가 우리를 절대 버리지 않으시겠다는 하나님의 약속을 귀히 여기는 것이라고 성경이 말한다면, 우리는 왜 사람들에게 부자가 되고 싶도록 가르치려는 것일까요?

6. 양들을 질식시켜 죽이는 데 일조하는 사역 철학을 개발하지 마라.

예수님은 우리에게 생명을 주기로 되어 있는 하나님의 말씀이 부가 주는 어떤 효과로 인해 막힐 수 있다고 경고하십니다. 예수님은 그것이 마치 기운을 막히게 하는 가시떨기 속에서 자라는 씨앗과 같다고 말씀하십니다.

> 가시떨기에 떨어졌다는 것은 말씀을 들은 자이나 지내는 중…재물…에 기운이 막혀 온전히 결실하지 못하는 자요(눅 8:14).

우리는 왜 사람들에게 예수님이 기운이 막혀 죽을 것이라고 경고하신 바로 그것을 추구하도록 독려하려 합니까?

7. 소금의 맛을 제하고 등불을 등경 아래 두도록 만드는 사역 철학을 개발하지 마라.

그리스도인으로 하여금 세상의 빛과 소금이 되게 하는 것은 무엇일까요? 부는 아닙니다. 부에 대한 욕구와 추구는 세상과 같은 맛이고 세상을 닮았습니다. 그것으로는 세상이 이미 믿고 있는 것과 다른 무언가를 줄 수 없습니다. 번영 설교의 가장 큰 비극은, 사람이 그 메시지를 받아들이기 위해서 영적으로 깨어 있을 필요가 없다는 것입니다. 그저 탐욕스럽기만 하면 됩니다. 예수님의 이름으로 부자가 되는 것은 세상의 빛과 소금이 아닙니다. 그 안에서 세상은 그저 자신의 모습을 볼 뿐입니다. 그리고 그것이 영향을 미친다면, 그들은 그것을 살 것입니다.

예수님이 말씀하신 배경을 살펴보면 빛과 소금이 무엇인지 알 수 있습니다. 빛과 소금은 그리스도를 위해 즐거운 마음으로 기꺼이 고난 받으려는 태도를 의미합니다. 예수님은 이렇게 말씀하십니다.

> 나로 말미암아 너희를 욕하고 박해하고 거짓으로 너희를 거슬러 모든 악한 말을 할 때에는 너희에게 복이 있나니 기뻐하고 즐거워하라 하늘에서 너희의 상이 큼이라 너희 전에 있던 선지자들도 이같이 박해하였느니라 너희는 세상의 소금이니 소금이 만일 그 맛을 잃으면 무엇으로 짜게 하리요 후에는 아무 쓸 데 없어 다만 밖에 버려져 사람에게 밟힐 뿐이니라 너희는 세상의 빛이라 산 위에 있는 동네가 숨겨지지 못할 것이요 (마 5:11-14).

세상이 우리에게서 그리스도의 (소금) 맛을 보고 (빛을) 보게 되는 것은 우리가 부를 좋아하고 세상 방식대로 살아서가 아닙니다. 오히려 우리가 고난 받으면서도 기꺼이 다른 사람을 사랑하려 애쓰고, 사랑하는 그리스도인의 능력을 보일 때입니다. 우리의 상급이 천국에서 예수님과 함께 있는 것이라서 기뻐하는 모습을 보일 때입니다. 인간의 말로는 설명할 수 없습니다. 이것은 초자연적인 일입니다. 하지만 번영을 약속하며 사람들을 끌어들이는 것은 자연스러운 일입니다. 그것은 예수님의 메시지가 아닙니다. 예수님이 죽음을 통해 성취하신 것이 아닙니다.

2
타문화 선교를 이끄는 신념들

"베들레헴 침례교회 해외 선교를 이끄는 신념들"에서 발췌
1996년 1월 1일

최근 몇 년간 베들레헴 교회가 선교에 헌신하는 데 동력을 불어넣은 신념들이 적어도 14개 있습니다. 교회 지도자들은 이 신념들을 알고 있으며 좋아합니다. 이 신념들이 우리가 하는 사역을 형성했습니다. 베들레헴 교회의 일원이라면 누구나 이 신념들을 알아야 합니다.

하나님이 이 신념들을 사용하셔서 여러분 안에 세계 선교, 즉 가장 위대한 필요에 대한 새로운 열정을 불어넣어 주시길 바랍니다. 세계 선교에 관한 한 오직 세 종류의 그리스도인이 있습니다. 열정적으로 가는 사람, 열정적으로 보내는 사람, 불순종하는 사람입니다. 하나님이 우리를 불순종으로부터 구원해 주시길 바랍니다!

신념 1: 우리 하나님은 선교사 하나님이시므로, 창조와 구원에서 하나님의 목적은 선교다.

하나님은 자기 형상을 닮은 남자와 여자를 만들어 이 땅을 채우셨습니다(창 1:26-28). 하나님의 영광을 위해 우리를 창조하셨습니다(사 43:7). 하나님 홀로 더 많은 영광을 얻기 위해서가 아니라, 모든 민족과 방언과 나라에서 사람들을 초청하여 그분의 영광을 기뻐하게 하기 위해서입니다.

하나님은 지극히 영광스러우시고, 삼위의 교제하심에 만족하십니다. 그래서 하나님은 찬양 받으시기 위해 사람이 필요하지 않으셨습니다. 오히려 하나님은 자기 영광과 기쁨을 구원 받은 사람들과 나누려는 깊은 갈망을 가지셨습니다.

하나님의 영광을 찬양하도록 열방을 축복하시려는 그분의 갈망은 성경 전체와 구원 역사를 관통하고 있습니다. 예수 그리스도는 스스로 자신을 비워 죄악된 인간과 같이 되셨고 십자가에서 죽기까지 순종하셨습니다. 이 모습이 바로 선교사이신 하나님의 마음을 완벽하게 나타냅니다.

신념 2: 하나님은 열정을 다해 자기 명성을 지키신다. 하나님의 궁극적인 목적은 자기 이름이 온 땅의 백성들에게 알려지고 찬양 받으시는 것이다.

바울은 로마서 9장 17절에서 이스라엘을 구원하신 하나님의 목적은 "내[그의] 이름이 온 땅에 전파되게 하려"는 것이라고 말합니다. 하나님은 이사야서 66장 19절에서 사자들을 보내 "나의 명성을 듣지도 못하고 나의 영광을 보지도 못한 먼 섬들로 보내리니 그들이 나의 영광을 뭇 나라에 전파하리라"고 약속하셨습니다.

우리는 세계 선교의 핵심 명령이 이사야서 12장 4절에 나온다고 믿습니다. "그의 행하심을 만국 중에 선포하며 그의 이름이 높다 하라."

사도 바울은 선교사로서의 자기 사역은 "그의〔그리스도의〕이름을 위하여 모든 이방인 중에서 믿어 순종하게"(롬 1:5) 하는 것이라고 말했습니다. 사도 요한은 선교사들은 "주의 이름을 위하여 나"간(요삼 1:7) 사람들이라고 말했습니다. 주님의 형제 야고보는 선교를 하나님이 "이방인 중에서 자기 이름을 위할 백성을 취하시"려는(행 15:14) 것이라고 묘사했습니다. 예수님은 선교사들을 "내 이름을 위하여 집이나 형제나 자매나 부모나 자식이나 전토를 버린"(마 19:29) 사람들이라고 말씀하셨습니다.

신념 3: 예배는 선교의 연료이자 목표다.

하나님은 1980년대 중반에 많은 사람들에게 하나님 중심적인 신학은 선교 신학임을 납득시키셨습니다. 하나님의 영광을 찬양한다고 말하는 사람이 있다면, 그 말이 진실한지 알 수 있는 방법이 있습니다. 그 사람이 세계 만민 가운데 하나님의 영광이 전파되기 원하는지를 보면 됩니다.

선교는 교회의 궁극적인 목표가 아닙니다. 예배가 교회의 궁극적인 목표입니다. 선교는 예배가 아직 완성되지 않았기에 존재합니다. 하나님의 열정은 만민 가운데 알려지고 찬양과 예배를 받아야 합니다. 하나님을 예배한다는 것은, 열방 중에서 하나님이 가장 높임 받기를 원하시는 그분의 열정을 공유하는 것입니다.

천국에는 선교가 없고 오직 예배만 있을 것입니다. 모든 민족과 방언과 백성과 나라에서 모인 예배자들이 보좌 앞에 설 것입니다(계 7:9). 즉 선교의 목적이 이루어질 것입니다. 하지만 그렇게 될 때까지는, 주님의 선하심을 맛본 진정한 예배자들은 이 축제에 참여하도록 열방을 초청할 때까지 만족할 수 없을 것입니다.

예배는 점점 확대되고 전염되는 기쁨입니다. 따라서 예배는 선교의 원료가 됩니다. 기쁨은 나누면 배가 됩니다. 하나님 안에서 누리는 기쁨은, 시편 기자가 느낀 갈망을 우리 안에 만들어 낼 것입니다. "하나님이여 민족들이 주를 찬송하게 하시며 모든 민족들이 주를 찬송하게 하소서 온 백성은 기쁘고 즐겁게 노래할지니 주는 민족들을 공평히 심판하시며 땅 위의 나라들을 다스리실 것임이니이다"(시 67:3-4). 우리의 마음은 진정한 예배자를 찾으시는 예수님과 하나님 아버지의 마음과 같아질 것입니다(요 4:23).

신념 4: 온 땅의 모든 백성에게 알려지고 찬양 받기를 원하시는 하나님의 열정은 이 기적이지 않고, 사랑의 행위다.

자기 자신을 높이는 것이 궁극적으로 사랑의 행위가 되는 유일한 존재는 우주에서 하나님 한 분밖에 없습니다. 그리고 그 이유는 쉽게 알 수 있습니다. 우주에서 오직 한 분이시고 유일한 실재이신 하나님의 영광만이 인간의 마음을 온전하게 영원히 만족시키기 때문입니다. 하나님의 영광은 그분이 예수님 안에서 우리를 위해 행하신 모든 것의 아름다움입니다. 따라서 우리의 영원한 즐거움을 위해 그 영광을 높이 들어 보여 주시고 찬양하지 않으신다면 하나님은 사랑이 넘치는 분이 되실 수 없습니다.

하나님이 자기 영광의 무한한 가치를 저버리고 귀히 여기지 않으셨다면, 자살해 버리는 무정한 남편과 같이 애정 없는 분이 되고 맙니다.

자신의 명성을 구하는 하나님의 열정이 사랑의 표현임을 알 수 있는 가장 좋은 방법은, 하나님의 긍휼이 자기 영광의 절정임을 아는 것입니다. 하나님의 긍휼이야말로 하나님이 그 무엇보다 찬양 받기 원하시는 것입니다. 사도 바울이 그리스도께서 이 땅에 오신 이유가 "이방인들도 그 긍휼하심으로 말미암아 하나님께 영광을 돌리게 하려 하심이라"고(롬 15:9) 말한 것에서도 이 사실을 볼 수 있습니다.

"그 긍휼하심으로 말미암아 하나님께 영광을 돌리라"는 이 짧은 구절 속에 제가 지금까지 말씀드린 신념들이 전부 녹아 있는 것이 보이십니까? 하나님은 영광 받으시고 우리는 긍휼을 얻습니다. 하나님은 영광 받으시고 우리는 구원을 받습니다. 하나님은 찬양 받으시고 우리는 즐거움을 얻습니다. 하나님은 충만하심으로 인해 영광 받으시고, 우리는 그분의 긍휼하심으로 인해 만족을 얻습니다.

따라서 지금까지 살펴본 신념들을 요약해 보면, 우주에는 두 가지 기본적인 문제가 있음을 알 수 있습니다. 하나님은 모독당하시고, 인간은 죽어 가고 있습니다. 하나님은 자기 이름이 무시한 수치당하도록 참지 않으실 것이고, 자기 이름의 명예를 회복하고 열방 가운데서 영광 받으시도록 강한 능력으로 행하실 것입니다. 하나님은 죽어 가는 인간을 독생자 예수의 죽음을 통해 구원하시고, 그들로 하여금 그분의 영광을 즐거워하는 예배자가 되게 하심으로써 이 일을 이룰 계획을 세우셨습니다.

열방을 위한 독생자의 희생 속에서, 하나님은 자기 영광과 긍휼의 절정을 드러내십니다. 그래서 열방의 구원과 하나님의 영광을 찬양하는 것은 선교를 통해 동시에 일어납니다. 이 둘은 서로 상충하지 않습니다. 하나님이 이같이 자기 영광을 구하시는 것은 사랑의 행위입니다.

신념 5: 열방 가운데서 찬양 받으시려는 하나님의 목적은 실패할 수 없다. 반드시 이루어질 수밖에 없는 확실한 약속이다. 꼭 이루어질 것이다.

예수님은 마태복음 28장 18-19절에서 지상명령을 주시면서 확실한 근거도 함께 주셨습니다. 예수님은 이렇게 말씀하셨습니다. "하늘과 땅의 모든 권세를 내게 주셨으니 그러므로 너희는 가서…."

다른 말로 하면, 그 무엇도 그분을 막을 수 없다는 것입니다. "내가 이 반석 위에 내 교회를 세우리니 음부의 권세가 이기지 못하리라"(마 16:18). "이 천국 복음이 모든 민족에게 증언되기 위하여 온 세상에 전파되리니 그제야 끝이 오리라"(마 24:14).

하나님의 선교가 세상에서 승리할 것을 절대적으로 확신할 수 있는 네 가지 이유가 있습니다.

1. 예수님의 말씀은 하늘과 땅보다 더 확실합니다(마 24:35).
2. 하나님이 택하신 백성들을 위한 몸값이 이미 지불되었고, 하나님은 자기 아들의 피를 헛되이 흘리게 하지 않으셨습니다(계 5:9).
3. 하나님의 영광이 걸린 문제이고, 결국 하나님은 자기 영광을 다른 자에게 나눠 주시지 않을 것입니다(사 48:9-11).
4. 하나님이 통치하시고, 하나님은 못 하실 일이 없으시며, 하나님의 목적은 실패할 수 없습니다(욥 42:2).

1996년 9월 16일자 〈크리스채니티 투데이〉 25면에, 1956년 아우카 인디언에게 순교당한 네이트 세인트 선교사의 아들 스티브 세인트의 기사가 실렸습니다. 그가 네이트 세인트, 짐 엘리엇, 로저 유데리안, 에드 맥컬리, 피트 플레밍이 순교한 사건의 전모를 새롭게 들은 후에 쓴 기사였습니다. 스티브 세인트는 하나님의 통치하심에 대해 아주 놀라운 언급을 합니다. 그가 순교한 선교사의 아들이라는 사실을 생각할 때 우리를 더욱 놀라게 하는 문장입니다.

그 당시를 회상하는 원주민들의 이야기를 들으면서, 그 해변에서 일어난 학살이 얼마나 일어날 법하지 않은 일이었는지 새삼 실감했습니다. 그 일은 하나님의 개입이 아니고서는 절대 설명될 수 없는 일이었습니다.

다섯 명의 젊은이가 죽고, 그 믿음의 유산으로 인해 수천 명이 영감을 받은 이 사건은 오직 한 가지로밖에 설명할 수 없었습니다. 하나님이 개입하셨다는 것입니다. 열방 가운데 자신의 선교사역을 완성하시려는 하나님의 계획을 좌절시킬 수 있는 사람은 아무도 없다고 말할 때, 우리가 의미하는 하나님의 통치가 바로 이런 것입니다. 우리가 가장 어두운 고통의 순간을 지날 때, 하나님은 대적들 뒤에 그분의 폭약을 숨기고 계십니다. 역사에서 일어나는 모든 일은 시편 86편 9절에서 말하는 이 목적을 이루어 가고 있습니다.

주여 주께서 지으신 모든 민족이 와서 주의 앞에 경배하며 주의 이름에 영광을 돌리리이다.

신념 6: 오직 하나님 안에서만 우리 영혼이 쉼을 누릴 것이다.
모든 문화권의 모든 사람을 통합하는 하나의 실재는, 하나님이 우리 마음에 영원을 사모하는 마음을 주셨다는 사실입니다(전 3:11). 모든 사람은 하나님의 형상을 따라 창조되었고, 인간의 가장 깊은 내면에는 하나님의 흔적이 있습니다. 하나님과 멀어지면서 우리 안에 빈 공간이 생기게 되었고, 열방은 하나님 아닌 그보다 못한 수많은 방법들로 그 공간을 채우려고 애썼지만, 늘 공허하기만 합니다. 오직 하나님만이 우리가 갈망하는 영혼의 깊이와 기쁨의 인내를 만족시킬 수 있습니다. 따라서 즐겁게 선교에 힘쓰는 것은 구원 받은 자들이 영원한 기쁨 가운데서 하나님의 영광을 높이는 것입니다.

신념 7: 국내 사역은 개척 선교의 목표다.
이 신념은 선교를 지향하는 교회 안에서 고조되고 있는 긴장을 다룹니다. 우리가 살고 있는 곳의 절망적이고 빈곤한 문화를 돌봐야 한다는 열정을 가진 사람과 어떤 선교적 자원도 접하지 못한 곳으로 복음을 들고 나가야 한다고 급진적으로 주장하는 사람들과의 긴장입니다.

제가 말하는 국내 사역이란, 지금 우리 문화권에 사는 사람들에게 우리가 행해야 하는 모든 사역을 의미합니다. 가령 복음 전도, 빈민 구제, 의료 봉사, 실업 문제, 기아, 낙태, 위험한 임신, 가출 청소년, 포르노, 가족 붕괴, 아동 학대, 이혼, 위생법, 교육, 약물 남용과 알코올 중독, 환경 문제, 테러주의, 교도소 개혁, 방송과 사업장과 정치 분야에 만연한 도덕 불감증 등에 관련한 모든 사역을 의미합니다.

반면 개척 선교는 교회가 미전도 종족에게 들어가서 복음을 전하고 지속적으로 현지 교회를 세우려는 모든 노력을 의미합니다.

잠시 생각해 보십시오. 이것이 의미하는 바는, 개척 선교는 국내 사역의 모든 가능성과 실천을 예수님의 이름으로 미전도 종족에게 전달하는 것입니다.

왜 이 두 그룹 구성원 사이에 긴장이 있어야 합니까? 개척 선교사들은 국내 사역자들의 사역이 전달할 가치가 있음을 인정함으로써 그들을 높입니다. 국내 사역자들은 개척 사역자들이 전달하는 사역이 국내에서 가치 있는 사역임을 주장함으로써 그들을 높입니다. 개척 선교를 위한 중요한 훈련 기반은 국내 사역에 참여하고 있는 후방에 있습니다.

신념 8: 선교사역은 한 개인이 아닌 민족에 초점을 맞추고 있으므로, 끝나게 될 것이다.

우리 가운데 많은 사람들이 막연하게 선교란 다른 곳에서 최대한 많은 개인을 그리스도께로 이끄는 것이라고 생각합니다. 하지만 우리는 지금 선교의 독특한 사역에 대해 살펴보았습니다. 복음 전도와 달리 선교는 아직 교회가 없는 곳에 교회를 세우는 것입니다.

요한계시록 5장 9절은 그리스도의 죽음이 선교와 어떻게 연결되는지를 묘사하고 있습니다. "두루마리를 가지시고 그 인봉을 떼기에 합당하시도다 일찍이 죽임을 당하사 각 족속과 방언과 백성과 나라 가운데에서 사람들을 피로 사서 하나님께 드리시고." 교회가 이 땅의 모든 인종 그룹 가운데 세워졌을 때, 택함 받은 자들이 각 "족속과 방언과 백성과 나라"에서 모였을 때, 지상명령은 완성될 것입니다. 선교는 끝나게 될 것입니다.

선교사역은 모든 사람들 가운데 교회를 세우는 것이지, 반드시 모든 사람을 예수 믿게 하는 것이 아닙니다.

신념 9: 수천 명의 새로운 바울 타입의 선교사가 당장 급하다. 하지만 디모데 타입의 선교사가 많으므로 때때로 이 사실이 불분명해진다.

디모데는 고향 루스드라를 떠나(행 16:1) 낯선 땅 에베소에서 교회 일꾼이 되었습니다(딤전 1:3). 에베소 교회는 장로들도 있었고(행 20:17), 다른 지역까지 돌보고 있었습니다(행 19:10). 이것이

바로 디모데 타입 선교사의 모델입니다. 교회가 상당히 잘 서 있
는 곳에서 기독교 사역을 하기 위해 먼 곳으로 가는 것입니다. 이
것은 성경이 보여 주는 선례이고, 하나님이 여러분을 이런 사역
으로 부르신다면 너무나 좋은 일입니다.

하지만 바울이 받은 사명은 달랐습니다. 그의 열정은 세계의
미전도 종족에게 하나님의 이름을 알리는 것이었습니다. 그는 자
신의 열망을 이렇게 말했습니다. "그리스도의 이름을 부르는 곳
에는 복음을 전하지 않기를 힘썼노라"(롬 15:20). 바울이 했던 말
중 가장 충격적인 말이 로마서 15장 19절과 23절에 나옵니다. "내
가 예루살렘으로부터 두루 행하여 일루리곤까지 그리스도의 복
음을 편만하게 전하였노라…이제는 이 지방에 일할 곳이 없고."
제게는 정말 충격적인 말씀이었습니다. 그런데 그때 이 말씀이
함축하고 있는 의미가 보이기 시작했습니다.

예루살렘부터 북부 그리스까지 일할 곳이 없다고 합니다! 아직
믿지 않는 사람들이 그곳에 남아 있음에도 불구하고 그의 사역은
끝났습니다! 그는 이제 스페인으로 옮겨 가려고 합니다. 바울은
어떻게 이렇게 말할 수 있었을까요? 그는 단순히 타문화 선교사
가 아니라 개척 선교사였습니다. 바울은 미전도 종족, 즉 지역 사
람들에게 복음을 전할 교회가 없는 곳으로 부름 받았습니다.

오늘날 대부분의 그리스도인들이 모르고 있는 사실이 있습니
다. 세상에는 바울 타입의 선교사보다 디모데 타입의 선교사가

열 배는 더 많다는 것입니다. 그리고 여전히 자국 문화 안에서 복음을 전하는 교회가 없는 종족이 수천 개나 있습니다. 특히 무슬림, 힌두, 불교, 소수 종족들이 그렇습니다.

패트릭 존스톤(Patrick Johnstone)이 몇몇 사람과 함께 1996년 말에 「미전도 종족」(The Unreached People)이라는 책을 출간했습니다. 그 책에는 복음 전도가 가장 안 된 2천 개의 종족이 소개되어 있습니다. 그 책을 읽어 보면, 그리스도의 이름과 죽어 가는 자들을 구원하기 위해 기꺼이 언어와 문화의 장벽을 넘는 선교사들이 얼마나 절실히 필요한지를 알게 될 것입니다.

따라서 우리 베들레헴 교회는 바울 타입의 개척 선교사들을 길러 내고 파송하는 일에 최우선권을 두고 기도하고 있습니다. 디모데 타입 선교사들의 희생과 소중함을 덜 중요하게 여겨서가 아니라, 아직도 우리를 구원하시는 예수님에 대해 전혀 듣지 못한 수천의 종족들을 위한 특별 선교가 필요하다는 깨달음에서 그렇게 하고 있습니다.

오직 바울 타입의 선교사들만이 그들에게 갈 수 있습니다. 우리 교회는 이 사역에 주력하고자 합니다. 복음이 없으면 모든 것이 헛됩니다. 디모데 타입 선교사들의 중요한 역할은 동역자들 가운데 바울 타입 선교사들을 길러 내는 것입니다.

신념 10: "하나님께 합당하게"(요삼 1:6) 선교사를 파송하는 것은 모든 지역 교회의 놀라운 특권이자 즐거운 의무다.

하지만 바울 타입 선교사들을 파송하기 위해서는 먼저 그들을 길러 내야 합니다. 혹은 다른 곳에서 "길러졌지만" 하나님이 우리에게 파송하라고 부르신 사람들을 식별해야 합니다. 요한삼서 1장 7-8절에 의하면, "주의 이름을 위하여" 나간 자들, 즉 선교사들을 지원해야 할 의무가 우리에게 있습니다. "이는 그들이 주의 이름을 위하여 나가서 이방인에게 아무것도 받지 아니함이라 그러므로 우리가 이 같은 자들을 영접하는 것이 마땅하니 이는 우리로 진리를 위하여 함께 일하는 자가 되게 하려 함이라."

주보 뒷면이나 예산 집행란에 선교사의 이름을 올려놓기만 하는 교회와 선교사를 파송한 교회는 너무나 다릅니다.

하나님께 합당하게 파송한다는 것은, 말과 행위로 하나님의 이름을 열방에 선포하는 것을 가장 중요한 일로 여기고 주님의 이름을 위하여 나가는 자들을 최선을 다해 영적·실질적·감정적·경제적으로 돕는 것입니다.

신념 11: 우리는 가는 선교와 보내는 선교를 위해 전시의 생활방식으로 살도록 부름 받았다.

하나님께 합당하게 파송하고 주의 이름을 위하여 나가기 위해서는, 우리가 지금 평화의 시기(이곳에서는 제멋대로 사치를 부려야만 지루함을 떨칠 수 있습니다)를 살고 있다는 생각과 끊임없이 싸워야만 합니다. "오, 하나님, 우리의 눈을 열어 주셔서 지금 이 순간도 천국과 지옥의 싸움이 치열함을 보게 하소서."

위대한 선교사 바울의 영이 우리를 더욱 강하게 붙들어야 합니다. "또한 모든 것을 해로 여김은 내 주 그리스도 예수를 아는 지식이 가장 고상하기 때문이라 내가 그를 위하여 모든 것을 잃어버리고 배설물로 여김은 그리스도를 얻고"(빌 3:8).

전시에는 모든 것이 변합니다. 호화 여객선 퀸 메리호도 군 수송선이 되고, 3단 침대 대신 7단 침대가 놓이게 됩니다. 자원도 전시에는 다르게 배분됩니다. 그리고 지금 우리는 2차 세계대전보다 더 혹독한 전쟁을 치르고 있는 중입니다.

전시처럼 사는 것은 율법적인 짐을 지고 사는 것이 아닙니다. 우리에게 자원을 주신 것은 우리 개인의 즐거움을 위해서가 아니라, 하나님 나라의 전진을 위해서 자원을 관리하는 더 큰 기쁨을 누리도록 주신 것임을 기쁘게 인정하며 사는 것을 말합니다(행 20:35, 마 6:33).

신념 12: 기도는 전시에 쓰는 무전기이지 가정용 인터폰이 아니다.

전시에는 기도가 다른 의미를 갖게 됩니다. 기도는 전시의 무전기이지 더 이상 가정용 인터폰이 아닙니다. 예수님은 제자들에게 이렇게 말씀하셨습니다. "너희가 나를 택한 것이 아니요 내가 너희를 택하여 세웠나니 이는 너희로 가서 열매를 맺게 하고 또 너희 열매가 항상 있게 하여 내 이름으로 아버지께 무엇을 구하든지 다 받게 하려 함이라"(요 15:16).

이 구절이 보여 주는 놀라운 논리에 주목하십시오. 예수님은 아버지께서 기도에 응답하시게 "하기 위해" 그들에게 사명을 주셨습니다. 즉 기도는 사명을 위해 주신 것이라는 의미입니다. 기도는 하나님 나라가 임하게 하기 위해 주신 것입니다. 그래서 주기도문은 아버지의 이름이 거룩히 여김을 받으시고 나라가 임하시기를 구하는 내용으로 시작합니다.

야고보 사도는 기도를 다른 데서 자고 있는 집사를 부르기 위해 사용하는 가정용 인터폰으로 잘못 사용하는 것에 대해 경고했습니다. "너희는 욕심을 내어도 얻지 못하여 살인하며 시기하여도 능히 취하지 못하므로 다투고 싸우는도다 너희가 얻지 못함은 구하지 아니하기 때문이요 구하여도 받지 못함은 정욕으로 쓰려고 잘못 구하기 때문이라"(약 4:2-3).

기도는 늘 하나님 나라를 지향합니다. 우리가 치유와 도움을 구하는 기도를 할 때에도, 그 기도는 하나님 나라를 위한 하나님의 목적이 이 땅에 이루어지기 위한 것입니다. 그렇지 않으면 우리가 전시의 무전기를 가정용 인터폰으로 잘못 사용하고 있는 것입니다.

여러분과 저는 사도 바울과 같이 이렇게 기도해야 합니다. "주의 말씀이 너희 가운데서와 같이 퍼져 나가 영광스럽게 되고"(살후 3:1).

신념 13: 우리의 목표는 모든 사람을 설득해서 선교사로 만드는 것이 아니라, 모든 사람이 세계를 품는 그리스도인이 되도록 돕는 것이다.

이미 앞에서 언급했듯이, 오직 세 종류의 사람만 있습니다. 가는 사람, 보내는 사람, 불순종하는 사람입니다. 모든 사람이 '가는 것'이 하나님의 뜻은 아닙니다. 몇몇 사람만이 주의 이름을 위해 외국 문화에 나가도록 부름 받았습니다.

주의 이름을 위하여 나가도록 부름 받지 않은 사람들은 주의 이름을 위해 머물도록 부름 받은 것입니다. 즉 하나님이 머물게 한 곳에서 빛과 소금으로 살아가면서, 타문화 선교사로 부름 받은 사람들을 보내는 일에 다른 사람과 동역하도록 부름 받았습니다.

하나님의 눈에는 가는 사람과 보내는 사람이 모두 중요합니다. 하나님의 가치관에는 1순위, 2순위가 없습니다. 보내는 사람과 가는 사람 모두 "진리를 위하여 함께 일하는 자"입니다(요삼 1:8).

따라서 여러분이 가는 사람인지 보내는 사람인지는 중요하지 않습니다. 모든 족속과 방언과 민족과 나라에서 예배하는 자들을 찾으시는 하나님과 마음을 같이하는지가 중요합니다. 이것이 바로 세계를 품는 그리스도인이 되는 것을 의미합니다.

신념 14: 우리가 하나님 안에서 가장 만족할 때 하나님은 가장 영광을 받으신다. 그리고 하나님 안에서 누리는 만족은 우리가 고통 중에 다른 사람을 품을 때 가장 극대화된다.

선교로 인해 극심한 고난을 당하는 사람이 어느 누구보다 축복의 말을 쏟아 내고 즐거워하는 것을 보면 정말 놀랍기 그지없습니다.

먼저 예수님의 경우를 보겠습니다. "누구든지 나를 따라오려거든 자기를 부인하고 자기 십자가를 지고 나를 따를 것이니라 누구든지 자기 목숨을 구원하고자 하면 잃을 것이요 누구든지 나와 복음을 위하여 자기 목숨을 잃으면 구원하리라"(막 8:34-35).

우리는 복음으로 인해 목숨을 버림으로써 구원을 얻습니다. 바울은 이렇게 말했습니다. "우리가 잠시 받는 환난의 경한 것이 지극히 크고 영원한 영광의 중한 것을 우리에게 이루게 함이니"(고후 4:17). "생각하건대 현재의 고난은 장차 우리에게 나타날 영광과 비교할 수 없도다"(롬 8:18).

바울의 말에 의하면, 고난은 "그리스도의 남은 고난을 그의 몸된 교회를 위하여 내 육체에 채우"는 것입니다(골 1:24). 이것이 바로 지상명령이 성취되는 방법입니다. 그리스도의 고난을 채운다는 것은, 예수님의 이름을 사랑하는 우리의 수고에는 우리의 고난을 통해서 그리스도께서 위하여 죽은 사람들에게 그리스도의 고난을 보여 주는 것도 포함되는 것을 의미합니다.

사무엘 즈웨머(Samuel Zwemer)는 50년간 선교에 헌신한 후에 이렇게 말했습니다. "이 모든 일이 얼마나 순전한 기쁨이었는지 모릅니다. 다시 한 번 할 수 있다면 기꺼이 하겠습니다." 그는 선교사역을 감당하는 중에 북아프리카에서 두 자녀를 잃기도 했습니다. 그리고 허드슨 테일러와 데이비드 리빙스턴도 극심한 고난과 상실을 경험한 후에 이렇게 말했습니다. "저는 결코 희생한 적이 없습니다."

극심한 고난을 당한 사람들이 이렇게 말할 때, 그들의 하나님은 영광을 받으십니다. 하나님이 그들의 영혼을 너무나 만족하게 하셔서 심지어 그들의 고통조차도 그분과 누리는 기쁨을 더 깊어지게 했다면, 하나님은 분명 온 땅이 드릴 수 있는 모든 것보다 훨씬 위대하신 분임에 틀림없습니다. 시편 63편 3절은 정말로 사실입니다. "주의 인자하심이 생명보다 나으므로."

앞에서 우리는 오스왈드 샌더스 목사님이 하신 말씀을 들을 기회가 있었습니다. 그분의 메시지는 고난을 깊이 다루고 있었습니다. 당시 샌더스 목사님은 89세였는데 여전히 전 세계를 다니며 말씀을 전하셨습니다. 목사님은 70세가 되면서부터 매년 책을 한 권씩 집필하셨습니다! 우리는 퇴직하자마자 마음껏 인생을 즐기겠다는 사람들과 달리 오직 복음을 위해 삶을 온전히 쏟아부으며 그 안에서 기쁨을 누리는 삶에 대해 언급했습니다.

샌더스 목사님은 인도에서 한 토착민 선교사가 맨발로 이 마을 저 마을로 다니며 복음을 전한 이야기를 들려주셨습니다. 그 선교사의 고생은 이만저만이 아니었습니다. 기나긴 여정 가운데 수많은 절망을 경험하면서 그 선교사는 한 마을에 도착했고 복음을 전하려다가 마을 밖으로 쫓겨나고 말았습니다. 거절당한 그는 마을 구석진 곳으로 가서 기진맥진한 채로 나무 아래서 잠이 들었습니다.

그가 잠에서 깨어 보니 사람들이 자신을 둘러서서 내려다보고 있었습니다. 온 마을 사람들이 그가 하는 말을 들으려고 온 것이었습니다. 그가 잠들어 있는 동안 마을 사람들이 그를 보러 왔다고 마을 촌장이 설명했습니다. 마을 사람들은 물집이 잡힌 그의 발을 보고, 그가 거룩한 사람이라고 결론을 내렸습니다. 자신들이 그를 거부한 것은 잘못된 행동이라고 생각했습니다. 그래서 마을 사람들은 사과하며 그가 기꺼이 고난당하면서도 자신들에게 전하려고 했던 그 메시지를 듣겠다고 했습니다.

그렇게 전도자는 물집 잡힌 아름다운 발로 예수님의 고난을 채웠습니다.

* * *

지금까지 우리 베들레헴 교회의 선교 신념들을 말씀드렸습니다. 하나님이 여러분의 마음을 열어 주신다면, 지상명령을 완수하기 위해 여러분의 존재와 소유를 가장 적극적으로 사용하게 하는 전시의 생활방식보다 더 좋은 것이 없음을 깨닫게 될 것입니다. 이렇게 하나님을 찬양할 때, 우리는 만족하게 되고 나라들은 사랑받게 되기 때문입니다.

세계 선교에는 오직 세 종류의 그리스도인만 있습니다. 열정을 다해 가는 사람, 열정을 다해 보내는 사람, 불순종하는 사람입니다. 여러분은 어느 편에 서시겠습니까? "예수 그리스도를 통해 모든 사람이 기쁨을 누리도록 모든 일 속에서 하나님의 위대하심을 구하는 열정을 전파"하는 일에 우리와 동역하기를 간절히 바랍니다.

성경구절 찾아보기

창세기			30:6	107
1:26-27	60		32:37	104
1:26-28	255			
10	38		사무엘상	
12:1-3	38, 90		12:19-20	69-70
12:3	39, 86, 91, 96		12:20-22	70
15:5	39			
15:6	86, 93		열왕기상	
17:4	92, 96		4:20-24	39
17:4-5	38, 91		8:60	39
17:7	98		11-열왕기하 25	40
18:18	86, 90, 91			
			욥기	
출애굽기			42:2	260
14:4	66			
14:31	104		시편	
20:3-5	67		1	105, 228
			1:2	23
민수기			8:3-8	32
14:11	104		23:3	73
20:12	104		25:11	72
			32	105
신명기			42	229
1:32	104		51	229
8:17	104		63:3	206, 272
9:23	104		67:3-4	257
28:52	104		69	229

86:9	262	하박국	
96	228-243	2:14	33
96:2-3	153	마태복음	
103	229	4:19	37
103:12	230	5:11-14	252
106:6-8	65	5:16	87
119	105	6:19-20	248-249
		6:33	268
전도서		9:37-38	31
3:11	262	10:16-31	211-226
		10:16-33	215
이사야		16:18	32, 131, 260
12:4	256	16:24	195
28:5	58	19:29	256
43:7	255	24:14	186, 260
48:9-11	260	24:35	187, 260
48:11	34	25:35-36	175-176
49:6	40	28	37
52:7	10	28:18	131
52:15	22	28:18-19	118, 260
55:8	53	28:18-20	31-50, 152-153, 212
66:19	256		
예레미야		마가복음	
24:7	104, 107	8:34	195
		8:34-35	271
에스겔		10:23-27	247
20:5-9	62-63		
20:13-14	68-69	누가복음	
36	98	3:22	62
36:22-23	74-75	4:18	176-177, 179
36:26-27	107	8:14	251
		9:23	195
요엘		14:13-14	176
2	98	14:33	246
		19:9	176

21:12-19	209-210	9	22
21:16	220	13:3	35
		14:16	41, 115
요한복음		15:14	256
3:16	153-154	16	42
3:36	214	16:1	264
4:23	257	16:14	107
5:24	224	17:26	38
6:37	121	18:9-10	128
6:39	121	19:10	264
6:44	121, 122	20:17	264
6:65	121, 122	20:35	268
7:18	76	22	22
8:39	92	26	22
10	124	26:17-18	22
10:3-4	120, 122		
10:11	119, 123	로마서	
10:14	119, 120	1	83
10:14-15	123	1:16	26
10:16	119-134	1:18-23	25-26
10:26	122	1:23	78-79
10:27	122, 131	1:5	41, 256
10:27-30	123-124	2:12	24
10:29	120	2:29	144
11:51-52	129	3	78
15:16	268-269	3:23	78, 79
17:4	75	3:25-26	79-80
17:6	121	4:6-8	105
17:9	121	4:16-17	92, 94
17:18	130	5	81
17:20	130	8	78, 210
17:24	121	8:18	271
18:9	121	8:36-39	209
		9:6-7	88
사도행전		9:17	255
1:8	41	10:13	180

10:14	180	11:4	160
10:15	10, 181	11:5	160
11	144	12:11	160
11:4	106		
11:33	144	갈라디아서	
12:20	177-178	1:6-18	169-171
14:4	19	1:8	172, 179
15:8-9	76-77, 189, 235	1:15-16	181
15:9	258	2:1-10	168-183
15:9-12	234	2:20	97, 100
15:18	131	3:5	111
15:18-24	16-29	3:6	105
15:18-19	28	3:6-9	85-101
15:19	27, 265	3:14	94, 97, 98
15:20	17, 24, 29, 152, 214, 265	3:18	102
		3:23-29	102-111
15:20-21	21-22, 213	3:28-29	87-88
15:23	17, 265	3:29	94
16:26	41	4:6	97
		4:29	97
고린도전서		4:30	94
2:14	52	5:6	87
3:6-8	19	5:18	111
7:7	19	6:8	97
10:31	80	6:10	177
고린도후서		에베소서	
1:12	165	1:3-6	59
1:20	147	2:3	52
2:12-17	151-167	2:7	147
3:5	165	2:12	146
3:6	110	2:12-19	140
4:6	107	2:19	110, 146
4:17	271	3:1-13	135-150
7:5-7	157	4:28	249
8:9	175	5:2	161

6:9	110	10:32-34	205
6:12	142	10:34	206-207, 208
		11	105
빌립보서		11:38	148
1:21	49	13:5-6	209, 250
1:25	87	13:13	196
2:30	197-198		
3:8	33, 268	야고보서	
		4:2-3	269
골로새서			
1:24	49, 196-197, 198,	베드로전서	
	200, 271	1:8	50
2:15	158	1:12	142
		3:7	110
데살로니가전서		4:11	81
2:13	131		
		요한일서	
데살로니가후서		4:6	131
1:9-10	82	5:3	104-105
3:1	269-270		
		요한삼서	
디모데전서		1:6	267
1:3	264	1:7	256
6:6-8	247-248	1:7-8	267
6:9	246-247	1:8	270
6:9-10	248		
		요한계시록	
디모데후서		2:10	142-143
2:2	37	5:9	42, 129, 260, 264
4:5	28, 213	5:9-10	83, 188, 243
		6:10-11	192
히브리서		7:9	257
2:10	48	7:9-10	42
2:5-10	32		
4:2	104		
6:1-3	190		

하나님의 선교를 열망하라

초판 1쇄 발행 | 2013년 12월 10일
초판 4쇄 발행 | 2025년 5월 10일

지은이 | 존 파이퍼
옮긴이 | 이선숙
펴낸이 | 신은철
펴낸곳 | 좋은씨앗
출판등록 | 제4-385호(1999. 12. 21)
주소 | (06753) 서울시 서초구 바우뫼로 156(양재동, MJ빌딩) 402호
주문전화 (02)2057-3041 주문팩스 (02)2057-3042
페이스북 | facebook.com/goodseedbook
이메일 | good-seed21@hanmail.net

ISBN 978-89-5874-214-2 03230
좋은씨앗 ⓒ 2013

A Holy Ambition: To Preach Where Christ Has Not Been Named
by John Piper

Copyright ⓒ 2011 by Desiring God Foundation
Originally published in English under the title:
A Holy Ambition: To Preach Where Christ Has Not Been Named
Published by Desiring God Foundation
P.O. box 2901,Minneapolis, MN 55402, U.S.A.
www.desiringGod.org
All rights reserved.

Translated and used by permission of Desiring God Foundation.
This Korean edition ⓒ 2013 by GoodSeed Publishing company
212, Hyoryoungro 77-20, Seocho, Seoul, Korea

본 저작물의 한국어 판권은 Desiring God Foundation과 독점 계약한 〈좋은씨앗〉에 있습니다.
저작권법에 의하여 한국 내에서 보호를 받는 저작물이므로 무단 전재와 무단 복제를 금합니다.